Major Issues in Global Standardization of
Accounting and Auditing System

グローバリゼーションと会計・監査

猪熊浩子 著
Hiroko Inokuma

同文舘出版

はじめに

　近年の国境を越えた企業活動の急速な拡大を背景として，企業活動を映し出す役目を果たすインフラとしての会計基準および会計を取り巻く諸制度についても，国際的な共通基準化（国際標準化）への動きが注目されている。

　本書はグローバリゼーションが進む状況における，会計基準のグローバル・コンバージェンスを巡る会計の利害調整機能の諸側面を主に考察している。会計の目的として情報提供機能に注目が集まる中，制度会計の観点からは利害調整機能の役割も見過ごせない。しかしながら，すべての目的に中立的な会計制度の構築は困難であることから目的を定めざるを得ず，その際には第一に情報提供機能への配慮が重視されて制度会計の設計がなされてきた。特に会計の国際化の観点では，100ヵ国を超える国で活用される汎用性を備える会計制度の構築のためには，情報提供機能に焦点を絞らざるを得ないことは否めない。この国際化の潮流の一方で，かならず議論の俎上にのぼるのは国際化がなされた会計基準と，会計の「二次的目的」といわれる役割が果たすべき機能との不整合とその調整プロセスであったといえよう。

　本書では会計・監査のグローバル化と関係諸制度との関係を，租税との観点，会社法との観点，企業経営との観点，そして会計のプロフェッショナルである会計監査人の資格との観点でそれぞれ考察を行った。これらが会計・監査のグローバリゼーションがもたらす影響をすべて網羅し尽くしているわけではなく，本書で取り扱いきれなかった観点が存在するとは認識しているが，これは筆者の今後の研究課題とする所存である。

　本書をまとめるにあたり，多くの方々からのご指導とご高配をいただいた。ここで全員の方々の個別のお名前を記さない非礼をお詫び申し上げながら，とりわけお世話になったお二人，高田敏文先生と榊正壽先生にこの場を借り

て感謝の念を示すことをご容赦いただきたい。高田先生にはアカデミアでの研究者としての生き方をご自身の活動を通じて示してくださった。多くのシンポジウムや国内・海外学会をご一緒して授けていただいた知見は限りない。また榊先生には監査法人における上司としてご一緒して，様々な問題意識と論点を示していただいた。とりわけ本書の問題意識の基礎となった官公庁の海外委託調査案件の主査を数多く任せてくださったことで，会計・監査の制度設計比較の観点で貴重な海外案件に多数接する機会に恵まれた。このお二人のご示唆と助力がなければ，本書を上梓することは到底かなわなかった。ここで心からの感謝をお伝えしたい。

　また大学の学部生・大学院生時代に，斎藤静樹先生，大日方隆先生，久留島隆先生には会計学，会社法の側面から学問の基礎を授けていただいた。当時の自分を思い出すと赤面の至りであるが，学部・大学院時代の礎なくして，本書は成り立たなかった。当時の高度な講義内容について先生方が期待するほどの理解水準に至らなかったことは自認しているが，力足らずの学生にも最高水準の講義を授け，辛抱強くお付き合いくださった先生方の忍耐力に心から感謝している。

　本書は，自身が研究代表者を務める科学研究費補助金・若手研究（B）（「フレキシブルな基準の導入に対する監査人の判断過程：欧州各国の対応を例として」，2011年度〜2012年度，研究課題番号23730425），基盤研究（C）（「会計・監査制度の国際標準化と固有性の摩擦と調和：制度及び経営実態の分析を踏まえて」，2013年度〜2015年度，研究課題番号25380588），また研究分担者として参画した基盤研究（C）（「国境を越えた法人課税と会計のルール」，研究代表者：松原有里先生（明治大学），2012年度〜2014年度，研究課題番号24530034）の助成による研究成果が含まれている。また本書の出版にあたっては東北大学，公益財団法人経和会記念財団による出版助成を受けている。ここに記して感謝申し上げる次第である。

　加えて厳しい出版事情の中，本書の出版を快く引き受けてくださった同文

舘出版の中島治久社長，また当初の出版スケジュールを大幅に見直し続ける筆者を激励し，辛抱強く時間をくださった青柳裕之氏のご尽力なくして完成しなかった。ここに心から感謝申し上げる次第である。

　最後に私事になるが，ここまでの日々を支えてくれた両親，隆彦・美知子と，研究生活におけるパートナーとしても叱咤激励してくれた夫，清水剛に，この場を通じて感謝の意を伝えたい。

2015年3月

猪熊　浩子

目次

序　　章　**本書の構成**　*1*

第 1 章　会計・監査基準の標準化・統合化の流れ …… *9*
第 1 節　国境を越えた企業活動の拡大と会計基準・監査基準 …… *10*
　1. 会計・監査制度の国際標準化　*10*
　2. 経済のグローバル化と国家との関係　*12*

第 2 節　会計に関するグローバル化と各国政府の対応 …… *16*
　1. 会計にかかわる制度の標準化　*16*
　2. 国際財務報告基準（IFRS）と国際会計基準審議会（IASB）の概要　*17*
　3. IFRS の各国による受容　*18*
　4. 米国における IFRS 適用への動き　*23*
　5. 日本への影響　*26*

第 1 章補論　EU における税制決定の概要　*28*
　1. EU の法令と意思決定方法　*30*

第 2 章　税制：会計基準の国際標準化と税制との整合化 …… *35*
第 1 節　問題の所在　*36*
第 2 節　会計基準の国際標準化と税制の標準化との関係　*38*
第 3 節　各国の税務会計と財務会計の関係　*44*
　1. 日本における税務会計と財務会計の関係　*45*
　2. フランスとドイツにおける税務会計と財務会計の関係　*46*

　　　　　3．イギリスにおける税務会計と財務会計の関係　*47*
■第4節　税務会計と財務会計の整合化プロセス：
　　　　イギリス・フランス・ドイツの事例 ……………………………… *51*
　　　　1．イギリス　*51*
　　　　　（1）イギリスの会計基準　*51*
　　　　　（2）IFRS導入による税務会計と財務会計との不整合と調和　*52*
　　　　2．フランス　*55*
　　　　3．ドイツ　*58*
■第5節　検討と日本に対する示唆 …………………………………………… *60*
■第6節　小括 …………………………………………………………………… *67*

第3章　会計の国際標準化による不整合と調和：
主にフランスにおける適用を例として ……………… *75*

■第1節　問題の所在 …………………………………………………………… *76*
■第2節　ヨーロッパにおける標準化と税務への影響
　　　　―フランスの事例― ……………………………………………… *77*
　　　　1．フランスにおけるIFRS導入への対応　*77*
　　　　2．個別会計基準上の問題　*78*
　　　　　（1）固定資産の減価償却　*78*
　　　　　（2）資産化された研究開発費　*80*
　　　　　（3）資産の定義―リース会計　*81*
　　　　3．対応上の問題　*83*
　　　　　（1）対応コスト―とりわけ中小企業について―　*83*
　　　　　（2）IFRS採用による課税所得へ与えるインパクト　*84*
■第3節　国際標準化における国内の対応 …………………………………… *85*
　　　　1．フランスにおける対応　*85*

2. 日本の対応の方向性　*87*
　　　　（1）リンクの切断―申告分離方式の採用―　*87*
　　　　（2）完全 IFRS 化　*88*
　　　　（3）税務会計の相対的独立化　*89*
　　　　（4）IFRS と国内 GAAP の並存―連単分離―　*89*
　第 4 節　小括 ·· *91*

第 4 章　会計基準の国際化と配当可能利益の動向 ············ *95*
　第 1 節　問題の所在 ·· *96*
　第 2 節　財務会計と会社法会計の関係 ·· *96*
　第 3 節　配当可能利益の算定の類型 ·· *98*
　第 4 節　配当可能利益の計算と財務会計 ···································· *100*
　　　1. 米国　*100*
　　　2. イギリス　*102*
　　　3. フランス　*105*
　　　4. まとめ　*105*
　第 5 節　日本における対応のあり方 ··· *107*
　　　1. 日本における財務会計と会社法会計の関係　*107*
　　　2. 国際標準化における国内の対応　*108*
　第 6 節　小括 ·· *110*

第 5 章　会計の国際標準化と企業経営に与える影響：
　　　　　　配当可能利益に着目して ·································· *113*
　第 1 節　問題の所在 ·· *114*
　第 2 節　会計基準の国際化による企業の配当行動への影響 ········ *115*

　　　　1．配当可能利益と会計上の利益　*115*
　　　　2．配当可能利益と配当政策に関する先行研究：
　　　　　　配当政策の決定要因　*118*
　　　　3．IFRS導入と配当をめぐる企業行動　*123*
　第3節　仮説導出と検証の方法 ………………………………………… *124*
　　　　1．仮説の導出　*124*
　　　　2．測定尺度　*126*
　　　　3．分析対象と検証の手法　*128*
　第4節　分析結果 ……………………………………………………… *130*
　第5節　検討と考察 …………………………………………………… *138*
　第6章　小括 …………………………………………………………… *142*

第6章　監査：国際標準化が監査人の行動にもたらす影響 …… *147*

　第1節　問題の所在 …………………………………………………… *148*
　第2節　先行研究の検討 ……………………………………………… *151*
　　　　1．海外における先行研究　*151*
　　　　2．日本における先行研究　*152*
　第3節　監査判断の幅を拡散させないように機能している仕組み …… *154*
　　　　1．原則主義の会計基準に対する監査人の対応　*154*
　　　　2．会計判断の対応類型　*156*
　　　　（1）既存の他の会計基準の利用　*156*
　　　　（2）各国ごとの解釈・適用指針　*160*
　　　　（3）暗黙あるいは明示的な合意　*164*
　　　　（4）各監査法人ごとの確立した解釈・適用　*167*
　第4節　小括 …………………………………………………………… *170*

第7章 会計士資格：資格・教育のグローバリゼーションと各国資格との関係 …… 177

- 第1節 問題の所在 …… 178
- 第2節 会計プロフェッショナルの必要性 …… 178
  1. 会計プロフェッショナルの資格制度と継続教育の必要性 178
  2. 資格制度の創出とその効果 181
  3. 資格が国家により権威づけを与えられるか，もしくは民間団体か 182
- 第3節 各国の会計プロフェッショナル資格に関する制度設計 …… 183
- 第4節 会計プロフェッショナル資格の国際化 …… 185
  1. 資格の相互認証 185
  2. 会計プロフェッショナル資格の国際化に向けた課題 186
- 第5節 イギリスにおける会計プロフェッショナル資格の枠組み …… 188
- 第6節 結論と含意 …… 193

終章 グローバリゼーションと会計基準：これからの会計基準の方向性 …… 197

- 第1節 会計制度の国際標準化と各国の対応 …… 198
- 第2節 国際化時代の会計の目的 …… 199
- 第3節 国際化と会計基準の国際標準化：EUの事例をもとに …… 204
- 第4節 これからの会計制度の国際標準化 …… 207

索引 213

初出一覧

　本書は主に今までに発表した論文等で構成されているが,今回大幅に加筆修正を行った。元となった論文の初出は以下のとおりである。

第1章
書き下ろし

第2章
「グローバリゼーションにおける会計基準の国際標準化と固有性―税制との整合化プロセスに着目して―」『研究年報経済学』(東北大学経済学会), 74 (1):139-158, 2013年1月.

「会計基準の国際標準化と税制との整合化プロセス」『税研』175:102-107, 2014年5月.

第3章
「コンバージェンスが税制に対してもたらす影響―主にフランスにおける適用を例として―」『国際会計研究学会年報』2008年度:93-108, 2009年3月.

第4章
「会計基準の国際化と配当可能利益の動向」『国際会計研究学会年報』2009年度:99-109, 2010年3月.

第5章
「会計・監査制度の国際標準化と固有性の摩擦と調和―企業における配当政策に対する影響に着目して―」国際会計研究学会 第4回東日本部会報告要旨集, 2013年12月 (招待講演).

Globalization of Accounting Standards and Treatment of Distributable Profits: Implications on Behaviors of Managements in Japan, *TERG Discussion Paper Series* No.313, Tohoku University, March, 2014 (co-authored with Takashi Shimizu).

第6章
Auditor's Judgment Under Principles-based Accounting Standards- Evidence from France and U.K.-, *Proceedings of 24th Asian-Pacific Conference on International Accounting Issues*, Oct., 2012 (co-authored with Takashi Shimizu).

「ゴーイング・コンサーン開示に関する監査人の判断構造―倒産予測モデルとの関係から―」『産業経理』72 (4):60-77, 2013年1月.

第7章
「イギリスにおける会計プロフェッションの国際展開とそのハーモナイゼーション」『現代監査』23:76-87, 2013年3月.

第8章
書き下ろし

グローバリゼーションと会計・監査

序　章

本書の構成

企業活動のグローバル化といわれて久しいが，「グローバル化」が意味するところは時代とともに変化している。従来のグローバル化は日本企業の海外との取引の増大という流通過程の国際化をメインにした，海外への進出をしばしば意味していたが，現在の状況はまた異なるグローバル化の波に直面している。企業の活動フィールドが世界規模になるに伴いグローバル戦略も様変わりし，購買・製造・販売・管理の拠点の分散化や，国境をまたぐ事業活動が増大し，生産・消費活動の国際化の進展が新たな局面をもたらしている。そして，企業の活動フィールドの拡大に伴い，外国企業との競争で生き残るためにも企業は国境を越えたM&A（合併・買収）や連携なども行うようになる。

　このような国境を越えた企業活動の急速な拡大を背景として，企業活動を映し出す役目を果たすインフラとしての会計基準および会計を取り巻く諸制度についても，国際的な共通基準化（国際標準化）への動きが高まっている。例えば会計基準について見れば，国際財務報告基準（IFRS）の導入への動きは日本や米国においては依然議論が重ねられているが，世界的に見ればEU諸国・オーストラリア・カナダといった国々ではすでに導入されており，東南アジア諸国などにおいても導入が進みつつある。この点は国際監査基準（ISA）についても同様であり，さらに監査人の資格に関しても世界的な相互認証のような動きが起こりつつある。

　一方で，このような会計を取り巻く諸制度の国際標準化の動きは，会計にかかわる各国の制度や各国における実務との間でしばしば不整合を引き起こす。例えば，ドイツ・フランス等においては，会計上の利益の計算が租税や株主に属する利益の計算の根拠となるため，これらの国々におけるIFRSの導入は，税法や会社法との間で不整合を引き起こす。日本においても，公正価値会計に対する懸念，会計制度と連携している税法・会社法といった諸法令・制度との不整合などさまざまな問題が指摘され，このような問題を考えていく中で東京合意で予定されていたIFRS導入のスケジュールは見直され，

日本版 IFRS といわれる修正国際基準（JMIS）の導入等が進められている。

このような状況からすれば，会計基準等の国際的に利用される制度の標準化の流れの中で国境を越えた企業活動を円滑に進めていくためには，国際標準化と各国の固有性の摩擦を1つずつ解明し，調和させていかなくてはならない。グローバルな競争における企業の競争力が他国の企業が直面する制度を含めた経済環境との相違に基づくと考えれば，この点は日本経済の将来にとって大きな問題となってくる。

本書では，グローバル化がもたらす各国レベルでの環境の変化，とりわけIFRSの導入や会計士資格の認証といったような問題が，各国のレベルにおける会計制度やそれを取り巻くさまざまな法制度，また監査制度にどのような影響を与えたのか，これに対して各国がいかに対応してきたか，また今後どのように対応していくのが望ましいのかについて考察したい。

グローバル化の進展により国境を越える経済活動が増大すれば，いきおい各種制度が国ごとに相違するのは煩雑であり，互換可能である制度設計が考えられるだろうし，それがグローバル基準へ向かうという流れは当然出てくるであろう。ただし，このような制度の世界標準化は，必ず各国のローカルレベルにおける調整の必要をもたらす。もし，各国の制度が一度に変換がなされる，もしくは同じ方向に進むのであれば，この調整の必要は少なく，国家間の制度統一によって利益が生み出されるだろうが，実際は国によって制度のグローバル化への対応には緩急がある。また標準化も簡単ではないことを考えれば，国内制度を国際互換性のある制度に変革していくことが必ずしも合理的と判断されないこともある。

特に会計は単独制度として機能しているのではなく，周辺制度と強く相互関係を保ちながら存在している。さらに，企業会計は社会規範（social norms）としての側面をあわせ持つともいわれている（Sunder 2005, 2009, 終章）。もともと会計は「事実と慣習と判断の総合的産物」といわれるように一義的に最適解を定められるものではなく，社会的インフラの一部を構築し

ていることから，会計基準だけを整備すれば足りるわけではなく制度全体の動きを見据えなければならない。投資家への財務報告へのあり方を探るのみならず，経済活動に対するインパクトにも配慮していくことは不可欠である。また会計基準の設定の仕方も，演繹法的に有るべき姿から導き出される部分と帰納法的に実務での積み重ねが純化されて蓄積されてくる部分がある。帰納法的な設定プロセスの場合，各経済事実と慣習が相互に関連することから各国の既存の実務は社会通念にも依拠することになる。

また各国で設定プロセスが異なる以上，帰結としての制度が似通っているとしても，会計を取り巻く諸制度の位置づけが国ごとに異なることもあろう。この点から，会計・監査制度の国際標準化の流れに対して，周辺制度（税法・会社法・資本市場に関する規制などの各種制度）との調整を，各国がいかに対応してきたかを分析することは，日本における基準の機能や変化を分析し今後を展望するにあたり大きな鍵になろう。

本書では上記のような問題意識のもと，各章で次のような論点を扱っていく。

まず第1章では，グローバリゼーションと会計・監査制度の関係を明らかにする。グローバリゼーションを会計・監査制度の関係で捉えると，制度そのものが国際的に統合化された結果，制度が標準化される動きに着目されがちであるが，実際には各国に固有の法体系や制度のみならず経済的要因を考慮に入れた多様性を重視するグローカルといわれるような動きが新たに生じてきている。

グローバリゼーションを近代の国際システムである主権国家体制を前提にして考察することは現状の把握に有効であろう。なぜならば国家の意思決定は国民と結びつき，国家をコントロールする上位の権限の存在は想定されず，国際機関の位置づけは対国家との枠組みで規定されているからである。ところが近年の国境を越える経済活動の拡大に伴い，主権国家すなわち国民国家が統治する範囲と経済実態の活動の場がリンクしなくなる現状が生じている。

このときにグローバリゼーションはある制度が国際標準化していくことを意味するのではなく，世界の相互関係が深まる中での国家と世界，グローバルとローカルのあり方が変容していく過程と分析できる。グローバリゼーションの捉え方を再検討した上で，会計・監査制度に与える影響およびその背景について論述した。

第2章では会計の標準化と各国の固有の制度，特に税制との間の不整合に注目した。ここで税制に着目したのは，経済活動にかかわるさまざまな制度の中でも，とりわけ税制は会計基準との結びつきが強い一方で，IFRSのような国際的な会計基準と各国の税務会計では基本的理念が異なるからである。企業の課税所得計算において，会計上の利益の計算を租税計算の根拠に利用する際には，両者の利益観の違いは制度設計に大きな影響を及ぼすことになる。加えて，税制との関係が重要になるもう1つの理由は，税制は国家財政に関連することから各国の主権に直接にかかわっており，この意味で各国の固有性が強く働く領域であるからである。コンバージェンスに向けて財務会計の基準が統合化されたとしても，税務会計上でグローバル規模の国際的な調和への動きは考えづらい。

続く第3章では，財務会計と税務会計の間に生じている個別規定の不整合について論述する。題材としてはヨーロッパ諸国，特にフランスにおいて財務会計のコンバージェンスが税務会計との間にどのような不整合をもたらしたかを検討する。フランスは日本と同様，財務会計と税務会計の関係性が深いことからフランスでの経験の検討を通じて，財務会計と税務会計に生じ得る問題点とその対応について日本への示唆を探った。

第4章では，財務会計と会社法の関係に着目した。各国の企業活動の根本原則を定める会社法は，各国法制設定主体の判断に委ねられており，会計基準がグローバル基準となったとしても，それに伴い会社法のグローバル・コンバージェンスが進展するわけではない。そこで，財務会計と会社法の間で最も密接な関係がある配当可能利益を取り上げ，会計基準設定がIFRSのよ

うな国際会計基準に影響を受けた場合に生じ得る論点について考察した。

同じく第5章では，配当可能利益の論点を扱うが，会計の国際標準化が企業行動に与える一側面としての視点から検討したい。会計の国際化が配当可能利益に与える変化と，またこの変化が企業の配当行動に与える影響を検討し，そこから国際標準化と各国の会社法とをいかに調和させることができるかについて考察する。特に理論的な検討のみならず，IFRS 導入ですでに経験を積み重ねているフランスとイギリスの上場会社を対象とした実証も取り入れた。

第6章では，IFRS のような原則主義の会計基準を導入したときに，影響が大きいとみられている監査人の判断過程について取り扱う。詳細なルールが存在しない原則主義の会計基準のもとでは，監査人の会計判断における裁量が拡大し，かつ負うべき責任が増大するのではないかという認識がある。ルールベースの会計基準では，数値基準（blight line）のようなある会計処理についての明確な基準が示されており，それについての解釈あるいは適用指針によって補足的に説明されていた。しかし，IFRS では明確な基準はかえって会計操作の可能性を高めるという考え方から，IFRS は会計処理の原則のみを示し，解釈指針は存在しているものの，扱う範囲は限定されている。このような原則主義の会計基準のもとでは，具体的な基準の適用は，一義的には企業の判断に，最終的には専門家である監査人の判断に委ねられる。IFRS の採用では監査の役割がより重要になること，また適用に際する監査人の判断過程について検討を行った。この際に，監査人が自らの裁量の範囲の拡大と責任の拡大に対応するために，何らかの具体的な基準に依拠して行動することになるのではないかという観点で，すでに IFRS を導入している欧州事例を参照しながら検討を行った。原則主義の下では監査人の判断の幅が広がるという見方に対して，監査人の側が上記で述べた何らかの基準に依拠して判断を行おうとする結果として，実際に利用される基準（standard in use）が形成されるため，必ずしも判断のばらつきが広がるとは限らないことを指

摘したい。

　すなわち，原則主義の下での監査人の行動を検討し，監査人が実際には何らかの基準に依拠して行動することを指摘し，具体的にどのような基準に依拠して行動するかについて検討した。次に，IFRSの導入により監査人の裁量が拡大し，監査人にとっての大きな負担になるという見方に対しては，実際には監査人は何らかの基準に依拠するために，IFRSの導入によっても，監査人が実際にその裁量を行使するわけではなく，基準を設定することによりその責任を回避しようとすることを示す根拠を述べる。

　第7章では，会計監査のプロフェッショナルサービスを提供する会計専門家の資格制度そのものを取り扱う。周知のとおり企業の取引実態を映し出す役割をもつ会計基準や監査制度については，各国政府や職業団体が制度設計の任を負い，またその執行を担っている。

　いうまでもなく，会計・監査制度は企業の活動基盤を支える社会的インフラであり，企業の国際競争力を支える重要な役割を果たす。会計・監査制度をどのように設計するのかが国全体の競争力を左右することもある。

　そして会計・監査制度を構築する際には，制度を執行する会計プロフェッショナルのあり方も定めなければならない。第7章では会計プロフェッショナルが必要とされる理由を情報の経済学の観点から整理するとともに，会計プロフェッショナルの発祥の地であるイギリスにおける会計職業団体の発展の経緯と，そのうち特に経済のグローバル化とともに近年急成長してきたイギリス発の国際的な会計職業団体 Association of Chartered Certified Accountants（以下，ACCAとする）の戦略についても概観したい。

　第8章は，終章として本書の総括を示す。ここでは前章までに明らかにしてきた会計・監査制度の諸側面を踏まえ，改めて国際化時代の会計の目的を明らかにするとともに，これからの会計基準の国際標準化についての方向性を検討した。

第 1 章

会計・監査基準の標準化・統合化の流れ

第1節　国境を越えた企業活動の拡大と会計基準・監査基準

1. 会計・監査制度の国際標準化

　企業活動の急速な国際化，例えばクロスボーダー取引やボーダレス化が著しく進展しており，国家や国境という枠組みを越えた経済活動が活発になっている。国境を越えた取引や資金調達そして雇用に至るまで，さまざまな「ヒト」，「モノ」，「カネ」，さらには無形の「サービス」や「権利」が取引され，またその取引高も日々増大している。このような環境下では，経済活動を外部へ報告する際に必要とされる，会計基準や会計を取り巻く諸制度が国際的に共通である方が財務報告の利便性やコストの観点で好都合と考えられるだろう。このような意味で，会計基準および会計の周辺制度についても，国際共通化への機運が高まっている。

　例えば会計基準について見れば，国際財務報告基準（International Financial Reporting Standards：IFRS）の導入への動きが各国において進んでいる。EU諸国・オーストラリア・カナダといった国々ではすでに導入されており，東南アジア諸国などにおいても導入が進みつつある。日本や米国においてはなお全面的な適用には至っていないものの，日本では一部導入され，米国でも自国制度への導入については検討が続けられている。

　さらに，会計基準のみならず，会計基準に準拠した作成がなされているかどうかについての保証行為である監査の枠組みからも国際共通化の流れは無縁ではなく，会計士団体により構成される国際団体である国際会計士連盟（International Federation of Accountants：IFAC）による国際監査基準（International Standard on Auditing：ISA）が制定されている。さらには監査の担い手である監査人の資格に関しても，世界的な相互認証のような動き

が起こりつつある。

　また，このような国際標準化の動きを各国政府や国際機関も後押ししている部分もある。例えば，IFRS が国際的に通用する会計基準として世界的に取り上げられる契機になったのは，証券監督者国際機構（International Organization of Securities Commissions：IOSCO）による採用表明が大きい。1987 年に当時の国際会計基準委員会（International Accounting Standards Committee：IASC，現在の IASB）とともに「財務諸表の比較可能性」プロジェクトを開始した IOSCO は，1988 年の年次総会にて，作業グループへの助力を通じて国際的に統合された会計基準の作成に向けた IASC の活動を支持することを表明した。さらに 1995 年，IOSCO はコアとなる項目に関する基準の完成を条件に国際会計基準（International Accounting Standards：IAS，現在の IFRS）を承認する方針を表明したことにより，国際的な会計基準としての IAS の形成は大きく進展した。その後 2000 年に IOSCO は，IAS の中の 30 の基準をコアとなる基準として承認する[1]。

　ほかにも発展途上国では世界銀行や国際通貨基金（IMF），国際連合貿易開発会議（UNCTAD），世界貿易機関（WTO）等の国際機関が，融資などの国際援助の条件として，あるいは国外向け財務諸表の作成について IFRS 導入の圧力をかけるなど，国際機関においては制度の標準化を望む傾向が見て取れる[2]。国際金融の分野でも，2008 年のワシントンサミットの首脳宣言で示された「単一で高品質な国際基準を策定する」という目標がグローバルに実現されていくことを目指し，2013 年 9 月の G20 国財務大臣・中央銀行総裁

---

[1] 米国は当初 IAS の受け入れに消極的であったが，EU については，その後 IAS に基づく連結財務諸表の作成を 2005 年までに EU 域内すべての株式公開企業に適用することになったのは周知のとおりである。

[2] かつて金融危機を契機に IMF 融資を受けた韓国やブラジルはこれを契機に IFRS 採用に向けて積極的な姿勢をとり，その後融資を返済した後でも証券市場の発展などを狙い，IFRS へのエンドースメントやコンバージェンスを進展させた（スズキ 2012, 155；加賀谷 2011, 7）。また，中国は WTO 加盟を契機に IAS/IFRS を元にした海外取引市場向け財務諸表作成の要請が高まった（丁 2011, 74）。

会議の共同声明は,「単一で高品質の」会計基準の作成に向けた努力を国際会計基準審議会（International Accounting Standards Board：IASB）および米国財務報告審議会（Financial Accounting Standards Board：FASB）に求めている。

しかし,以上は,各国の会計基準が無条件にIFRSに統合されることや,各国の会計基準の策定という行為そのものが無意味になることでは決してない。言い換えれば,会計基準や会計にかかわる制度のグローバル化が,国家の存在を無意味化することには必ずしもならないのである。

この点を考えるために,改めてグローバル化,とりわけ経済のグローバル化と国家との関係について振り返った上で,特に会計にかかわるグローバル化と国家との関係について見てみることにする。

2. 経済のグローバル化と国家との関係

先に述べた国境や国家という枠組みを越えた経済活動が進展するグローバル化の一方で,グローカルといわれるような多様性を重視する動向も新たに生じてきている。

そもそもグローバル化とは社会的・経済的事象が,従来の国家や地域などの枠組みを越えて,地球規模に拡大してさまざまな変化を引き起こす現象であり,経済・政治・社会・文化の各方面から考察が進められている[3]。そこで出発点となるのは,グローバル化の前提となる国家とはなにか,という点である。グローバル化とは,あくまで従来の国家という枠組みを踏まえて,こ

---

[3] グローバリゼーションを扱った研究としては,Robertson（1992）,Sassen（1996, 1999）,Stiglitz（2002）,伊豫谷（2002）などがあげられる。また所得格差の研究で著名なPiketty（2014；訳書,600）でも,「本当の会計財務的な透明性と情報共有なくして,経済的民主主義などあり得ない」としており,またインタビューでの回答でも,経済が開放され,一段の成長をもたらすグローバル化そのものについては賛成しているが,富の流れを明確にすべく,グローバル化には透明性が不可欠であることを述べている（日経新聞2014年12月22日,朝刊1面）。

れを乗り越えるような形で起こる現象であるから，これを考えるためには国家という存在を考える必要がある。

近代の国際システム（modern international system）では，本来国家という枠組みが主役であり，これらの国家をコントロールできるような超国家的な法執行主体（世界連邦政府のようなもの）は存在しないことが前提となってきた。また，この国際システムにおける国家とは，排他的な「領土」と「主権」をもつ，いわゆる主権国家が想定されてきた[4]。

また，とりわけ19世紀以降，これらの国家は，その内部に住む人々を「国民」として，すなわち1つの統合されたまとまりとして認識する，いわゆる国民国家（nation-state）になっていった。そこでは国家はその国民と結びついており，国民の意思が国家の意思決定に何らかの意味で影響を及ぼすことが想定されている。

すなわち，主権国家体制と国民国家が結びつく近代の国際社会においては，国家の意思決定は国民に結びついており，これをコントロールする上位の権限が存在しないことが想定されているのである。

しかし，国境を越える経済活動の拡大に伴い，主権国家すなわち国民国家が統治する範囲と経済実態の活動の場がリンクしなくなる状況が生じている。このことは2つのことを意味している。1つ目は，経済活動のグローバル化は国境を越えるさまざまな経済活動を支えて調整するために，国家間，あるいは非国家的な活動を必要とする状況を生じさせることである。WTOやIMF，あるいは世界銀行のような国際機関はこのようなグローバル化した経済活動を支える役割を果たしているといえるだろう。また，国際機関ではなく，民間の機関がこのような活動に従事することもあり得る。

---

[4] この近代国際体制あるいは主権国家体制（sovereign state system）は，16,17世紀のヨーロッパで形成された国家と世界秩序のあり方のことで，そのような秩序を形成する1つのきっかけとなった1648年のウェストファリア条約にちなんでウェストファリア体制とも呼ばれてきた。その後世界的に拡大し，現代も変容は加えられつつも基本的に踏襲されている世界政治システムである。
詳しくは加茂ほか（2012）参照。

ここでグローバル化について論じたサッセンはの言及が大変興味深い。サッセンは「経済的グローバリゼーションは，さらに，法律にかかわる新しいレジームと法律の実践の創設，ならびにいくつかの〔法律にかかわる〕古い形態の拡大と革新とを引き起こしてきた。それらは，公的規制と法を民間の機構によっておき換え，そしてときには国家の法制度を迂回するものであった。」(Sassen 1996；訳書，23) と述べており，民間の監視機関がもつ重要性はグローバル化の進展により高まり，資本市場の秩序と透明性を創り出す場合に鍵となる機構として，主権国家に対して大きな力をもつことを指摘している。

続けてサッセンは次のように述べている。「これらすべては，実質上民営化された統治システムのはじまりであり，国境をまたぐ企業取引の世界における，契約と透明性と説明責任を重視するものである。」(Sassen 1996；訳書，24) として，特に国際金融・会計・法律の分野における民間企業や，国際会計における民間の基準が，国際機関と同様に統治機能を果たすことを述べている。従来国民国家が果たしていたガバナンスの一部の機能が民間に委ねられることによって，この「民営化は，国家機構とグローバルな行為主体との間の相互作用の領域の力学を煽るのに貢献している」。

しかしながら一方で，すでに述べたように，グローバル化はそれ自体として主権国家＝国民国家の体制に基づいており，これを乗り越えるような超国家的な政府が存在しているわけではない。主権国家＝国民国家が統治する範囲と経済実態の活動の場がリンクしなくなる状況がもたらす2つ目の意味は，国際機関や民間主体による統治が発生しており，その意味で国家の影響力が相対的に低下していることは確かであるが，それは主権国家＝国民国家が無くなる，あるいは影響力をもたなくなることは意味せず，なお国家が重要なアクターとして存在し続けるということである。

実際，国際機関はあくまで国家間の条約や協定により設立されるものであり，国家の存在が前提となっている。民間が統治機能を果たす場合であって

も，法的な強制力をもつためには各国の法制に取り込まれる必要があり，そうでなければ関係者間の単なる合意に過ぎない。この意味で，グローバル化は国民国家の重要性の低下をもたらすのではなく，もしくは「グローバル」と「ナショナル」いう二項対立で語られるのではない（Sassen 1996）。サッセンは，グローバル社会の中で求められるのは，新たな統治と説明責任（Accountability）の形であり，この過程で経済的グローバリゼーションが国家の重要性を低下させることなく，むしろグローバリゼーションの新たな局面を生じさせていることを指摘している。

このような意味では，グローバル化とは単にある制度が国際標準化していくことではなく，世界の相互関係が深まる中での国家と世界，ローカルとグローバルのあり方が変化していく過程と捉えた方が現状を表している。

以上のような考え方は，会計に関する国際化について特によくあてはまる。まず一方で，国際的な会計基準は，国境をまたぐ企業の成果を透明性と比較可能性を備えて開示することを目的として，民間組織であるIASB（あるいはその前身のIASC）が作成にあたっている。この意味で，IASBという民間の機関が主権国家に対して大きな力をもつことになり，国家機能の一部と民間に委譲したという見方もできなくはない。ただし，そこまでの意識をもってIFRSの利用を関係各国が検討したかについては，疑問があるところである。また，監査基準についても，民間団体である国際会計士連盟が国際監査基準を作成している。

そしてもう一方で，後で詳しく見るように，会計基準はあくまで各国の会計基準設定主体が定めるものであり，また会社法や証券取引法等，会計にかかわる法令は各国政府が定めるものである。このような意味で，グローバル化により会計基準あるいは会計にかかわる制度の標準化が進むといっても，そこには必ずグローバルとローカルの間の関係がかかわってくるのである。

実際，サッセンは独立した民間機関であるIASBによる国際会計基準の受容について，グローバルな行為主体（IASB）とナショナルな機関（各国政

府）との衝突の事例として紹介している。サッセンは企業の情報開示の透明性の問題を主に取り上げているが，扱われていない重要な事項として，会計基準のもつ利害調整機能の問題があり，会計・監査の立場からは両者の衝突の分析が物足りない感が否めないものの，グローバル化がもたらす問題点として取り上げられていることは注目に値しよう。

以上のように，会計に関するグローバル化とは，国際標準化にかかわる国際的な民間機関であるIASBと各国の政府や会計基準設定主体との（しばしば対立や衝突を伴う）相互作用の中で進んでいくものである。会計に関するグローバル化を理解するためには，このような相互作用，さらにはそれに影響を与えるようなさまざまな主体（財務報告を行う企業，規制当局，個々の会計士・監査法人，会計士団体等）との関係を考えなくてはならない。

この先，本書ではこの問題をいくつかの側面について扱っていくことになるが，その前に，会計に関するグローバル化はどのように進んでいくのか，現状はどのようになっているのかという点を考察したい。

第2節　会計に関するグローバル化と各国政府の対応

1．会計にかかわる制度の標準化

まずここで，会計基準を主とした制度の標準化という言葉の意味を整理しておきたい。会計基準（あるいはその他の制度）の国際化への対応を見ると，そこには次の3つの段階があるとされる（Most 1994, 4；古賀・五十嵐 1999, 4-5）。

①調和化（harmonization）：異なる会計や財務報告システムの調整において，共通の包括的区分に適合させていく段階。各項目には依然顕著な差

異があるものの，全体として標準に近づく。

②標準化（standardization）：会計上の対応において高度の弾力性を保持しながら，代替的方法の削減を図るアプローチ。

③統一化（uniformity）：経済的取引や事象や状況における代替的方法を排除するアプローチ。

本書においては，標準化を広く捉え，②の意味での標準化のみならず，③の統一化（いわゆる「アドプション」）までも含み，②と③を含めて「広義の標準化」として考えている。もちろん，会計基準の統一化が可能であるかどうかは必ずしも明らかではないが，少なくとも国際財務報告基準の形成においては統一化が視野に入れられているためである。また，EU等を見ると，いくつかの分野ではEUレベルでの統一化がなされるなど，実際にも統一化の対応が見られる。そこで本書で扱う標準化の範囲には，統一化の可能性までも含めて検討の対象と考える。

また，理論的には，会計基準の標準化にあたって，現在そのような動きの中心となっているIFRS以外にも，ほかの会計基準（例えば米国会計基準）が標準になるということが考えられないわけではない。しかし，後で述べるように米国においてもIFRSの利用が検討されている現在，このような可能性を考えることはあまり現実的ではない。そこで本書では，会計基準の標準化を考える際にはIFRSを主として検討対象とする。

2. 国際財務報告基準（IFRS）と国際会計基準審議会（IASB）の概要

会計基準の標準化を検討する際に現在中心となっているのは，国際的なメンバーにより構成された基準設定主体である，国際会計基準審議会（IASB），およびこれにより公表された会計基準である国際財務報告基準（IFRS）である。

もともと，IASBの前身である国際会計基準委員会（IASC）はオーストラ

リア，フランス，西ドイツ（当時），日本，メキシコ，オランダ，英国・アイルランドおよび米国の会計士団体により 1973 年に設立されたものである。IASC は国際的に承認されるような会計基準の策定を目指し，この IASC の時代に，財務諸表の作成および表示に関するフレームワーク（Framework for the Preparation and Presentation of Financial Statements），41 の国際会計基準（IAS）と 33 の解釈指針委員会解釈指針（Standing Interpretations Committee Interpretations：SIC Interpretations）が公表されており，IFRS の体系に引き継がれている。

2001 年に IASC は改組され，その機能は国際会計基準審議会（IASB）に引き継がれた。IASB の親組織として，独立の非営利法人である IASC 財団（IASC Foundation）が設立され，2010 年に IFRS 財団（IFRS Foundation）に名称変更し，IASB は財団の下での会計基準設定主体として構成された。また，解釈指針委員会（Standing Interpretations Committee：SIC）の後継として国際財務報告解釈指針委員会（International Financial Reporting Interpretations Committee：IFRIC，2010 年に IFRS 解釈指針委員会（IFRS Interpretations Committee：IFRS-IC に名称変更）が設置されている。IASB は現在までに IFRS 第 13 号「公正価値測定」まで公表・適用がなされている（2014 年 11 月現在）[5]。また，IFRS-IC（旧 IFRIC）は 21 の IFRIC 解釈指針（IFRIC interpretations）を公表・適用している。

3. IFRS の各国による受容

IFRS はあくまで民間主体による基準であり，それ自体は何ら法的根拠をもたない。これが各国において財務報告の基準として利用できるようになる

---

[5] このほかの公表済基準書としては，IFRS 第 14 号「規制繰延勘定」（2016 年 1 月 1 日以後開始事業年度から原則適用開始），IFRS 第 15 号「顧客との契約から生じる収益」（2017 年 1 月 1 日以後開始事業年度から原則適用開始）がある。

ためには，何らかの形で各国政府がIFRSの利用を承認しなくてはならない。

このために一般に行われるのが，各国政府あるいは各国の会計基準設定主体によるエンドースメント（endorsement）である。すなわち各国は，IASBにより作成されたIFRSを自国の基準として改めて認証するという手続きをとる。

例えばEUにおいては，2005年度より上場企業の連結財務諸表の開示にあたってIFRSの適用を義務づけているが，ここでいうIFRSはあくまでECおよび欧州議会の規則に基づき承認されたIFRSであって，IASBが作成したIFRSがそのままEUにおいて利用される会計基準になるわけではない[6]。EUでは，個別の基準について欧州財務報告諮問グループ（European Financial Reporting Advisory Group：EFRAG）への諮問，欧州委員会の下にある会計規制委員会（Accounting Regulatory Committee：ARC）の議決を経て，欧州議会（Euporean Parliament）および欧州連合理事会（Council of the European Union）の承認によりEUの会計基準となる[7]。

同様に，オーストラリアにおいても，IFRSはそのままでオーストラリアの会計基準になるわけではなく，オーストラリア会計基準審議会（Australian Accounting Standards Board：AASB）により採択されることでオーストラリアの会計基準となる。基本的にはIFRSはすべてオーストラリアの会計基準に組み込まれるが，IAS 26がカーブアウトされており，また追加的な基準を設ける等，IFRSが無条件に会計基準にされるわけではない（第6章参照）。

また，カナダにおいても，IFRSはカナダ会計基準審議会（Accounting Standards Board：AcSB）が採択することでカナダの会計基準となる。ゆえにAcSBはカーブアウトの権利を有している。ただし，AcSBはIASBが作

---

[6] 2002/7/19『Regulation (EC) No 1606/2002 of the European Parliament and of the Council of 19 July 2002 on the application of international accounting standards（国際会計基準の適用に関する欧州議会・理事会規則）』Art.3.

[7] Regulation (EC) No 1606/2002, Art.6. なお手続きの詳細については，Council Decision 1999/468/ECも参照。

成・変更したIFRSを変更せずに採択する方針を表明しており[8]，また証券当局も財務報告に際してIASBが作成・変更したIFRSの適用を求めている[9]。この意味で，実態としてはカナダはIFRSを無条件で受け入れているということになろう。

　これらの国々に対して南アフリカは，会社法の条文中に公開会社についてはIASBによるIFRSにより作成されなくてはならないとの規定があり[10]，また会計基準としてはIFRSのほかに中小企業向けIFRS (IFRS for SMEs)，南アフリカ会計基準が使用できるとされているものの[11]，南アフリカ会計基準はIFRSと内容的に同じであるために2012年に廃止されている[12]。よって，IFRSはエンドースメントの手続きを経ることなく，直接に会計基準として利用されることになる。

　現在，世界各国におけるIFRSの適用状況は図表1－1のとおりである。

　調査対象の174ヵ国のうち，国内上場企業の場合はIFRS全面適用している国が95ヵ国（55％）にのぼる。適用容認や，一部適用を合わせるとほぼ75％の国において何らかの形で利用されていることが分かる。

　一方，国内非上場会社によるIFRS適用に目を転じると，全面適用は28ヵ国（16％）と減少し，一部適用のみ（21％）や，適用容認（27％）と適用の状況はかなり分散する。また，IFRS適用不可の割合（18％）も決して低くはないことが分かる。

　G20に調査対象を絞ると，IFRSを何らかの形で利用している国は全体の85％（17ヵ国）に及ぶが，この17ヵ国の内容を分析すると，エンドースメ

---

[8] AcSB (2011) para.46.
[9] National Instrument 52-107 "Acceptable Accounting Principles and Auditing Standards," National Instument 14-101 "Definitions."
[10] Section 29 (5), Companies Act of 2008 (as amended by Companies Amendment Act 3 of 2011).
[11] Regulation 27, Companies Regulations 2011.
[12] Jurisdictional Profile- South Africa, IFRS Foundation Website.

図表 1-1 各国（司法管轄域）における IFRS 適用の状況

国内上場企業に対する各国の IFRS 対応

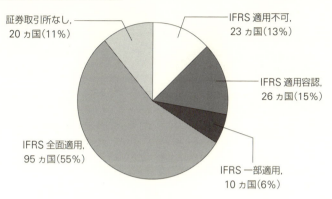

国内非上場企業に対する各国の IFRS 対応

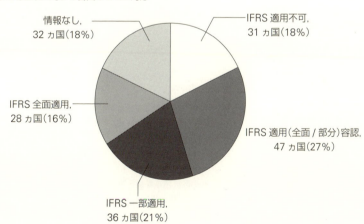

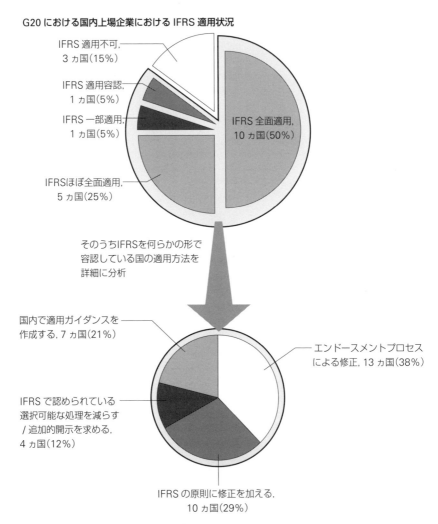

出所：Deloitte HP, IAS plus, Use of IFRS by jurisdiction,
http://www.iasplus.com/en/resources/ifrs-topics/use-of-ifrs
よりデータ入手，筆者作成（Access Jan. 2015）。

ントプロセスによる修正（13ヵ国），IFRSの原則に修正を加える（10ヵ国），IFRSで認められている選択可能な処理を減らしたり，追加的開示を求める（4ヵ国），国内でガイダンスを作成する（7ヵ国）となることが示されている。

4. 米国におけるIFRS適用への動き

　ここでは，会計基準の国際統合化の動向で最も影響力が大きい国である米国の動向を簡単に示しておきたい（図表1－2）。2002年10月のIASBとFASBのノーウォーク合意を契機として米国はIFRS導入に向けた検討を開始した。細則主義の代表といわれてきた米国の会計基準でも，FASBはこの2002年前後を境に，原則主義と細則主義を適度に取り入れた，むしろ会計目的に照らし合わせた目的志向会計基準（objectives-based standards）を整備していくという方向性を打ち出しており[13]，これに基づく会計基準も公表されている[14]。2005年からの欧州上場企業へのIFRS強制適用や，米国国内での大型不正会計事件の勃発で揺れていた米国が，IFRS適用に向けて歩み寄りを示したという点で，大きな転換点となり，これを機にコンバージェンスが進展することになった。また，IFRSの導入が欧州やアジア各国で進展したことで，グローバル規模で国際化も進んだ。

---

[13] SECは2003年7月に研究報告書"Study Pursuant to section 108 (d) of the Sarbanes-Oxley Act of 2002 on Adoption by the United States Financial Reporting System of a Principles-Based Accounting System"を米国議会に提出し，目的志向の会計基準の設計を提案した。これに先立つ2002年10月にFASBからはパブリックコメントの募集のため"Proposal for a Principles-besed Approach to U.S. Accounting Standard Setting"が公表されており，SECの研究報告の先鞭を付けている。なお，このSECの見解に対して，FASBからは"FASB Response to SEC Study on the Adoption of a Principles-Based Accounting System,"が出され，SECの方針に対して賛同を示している。

[14] 例えば，SECスタッフによるIFRS組込のワークプラン最終報告書（2012）において，2009年公表のFASB基準書第167号「変動持分事業体の連結」（Consolidation of Variable Interest Entities）の起草には，目的志向型の考え方に基づいていることを明記している（SEC 2012, 27）。

図表 1－2　米国における今までの流れ

年月	主な出来事
2002年10月	FASBの本部が設置されている米国，コネチカット州のノーウォークで，IASBとFASBがIFRSと米国基準との中長期的なコンバージェンスに向けて合意した（ノーウォーク合意）。
2004年3月	SEC（米国証券取引委員会）が2007年より上場している外国登録企業（FPI）にIFRSの使用を認める旨発表。
2006年2月	IASBとFASBがコンバージェンスに関して合意した内容をMOU（Memorandum of Understanding）に取りまとめる。 →ノーウォーク合意を確認し，またIFRSと米国基準の差異で，2008年までの短期コンバージェンス目標と長期目標を設定した。
2008年11月	SECがIFRSロードマップ案を公表[*1]。 →一定の要件を満たす米国国内の上場企業に対して，2009年から任意適用を認めること，また企業規模に応じて2015年から段階的にIFRS利用の義務づけ（強制適用）が提案され，強制適用の判断は，2011年中に行うことを表明。
2010年2月	SECがIFRS適用に関する声明[*2]とワークプラン[*3]を公表。 →単一のグローバルかつ高品質な会計基準の達成という目標を再確認 米国基準とIFRSのコンバージェンスを引き続き支持し，2011年にIFRS導入の判断を行う方針は変更しない。 ロードマップ案で提案された2009年からの任意適用の開始は見送る。 ワークプランでは，IFRSを米国の財務報告制度に組み込むべきか否か，仮に組み込む場合にはその時期と方法についてSECが決定する判断に資するように，懸念事項となる項目についてSECスタッフに検討を指示。
2011年5月	ワークプランに関する活動報告：スタッフ・ペーパー 「米国にIFRSを導入するための方法論調査」[*4]。
2011年11月	ワークプランに関する活動報告：スタッフ・ペーパー 「実務におけるIFRSの分析」[*5]。 「米国会計基準とIFRSの比較」[*6]。
2011年12月	SEC主任会計士J. Kroeker氏がAICPAの年次大会のスピーチで米国におけるIFRS導入意思決定延長見込みに言及する。
2012年2月	IFRS諮問委員会におけるSEC主任会計士Kroeker氏発言で，米国SECがIFRSを「組込導入」の方向へと言及。
2012年7月	SECスタッフによるIFRSの組み込みに関するワークプランについての最終報告書の公表[*7]。

[*1] SEC（2008）　[*2] SEC（2010a）　[*3] SEC（2010b）　[*4] SEC（2011a）
[*5] SEC（2011b）　[*6] SEC（2011c）　[*7] SEC（2012）

米国証券取引委員会（Securities and Exchange Commission：SEC）による「米国の発行者による IFRS に準拠して作成される財務諸表の利用可能性に向けたロードマップ」（2008年11月14日）では，細則主義（rule-based）と指摘されている米国会計基準（US-GAAP）と IFRS を比較し，IFRS の特徴として，一定の分野において①特定の分野では米国基準と比較して会計基準が整備されていないこと，②記述が詳細ではない（less prescriptive）こと，③会計処理の選択肢が多いこと，④公式のガイダンス（適用指針）の整備が少ないことが列挙されている。とりわけ，②の詳細規定ではないことの例示として具体的な数値基準（bright line）が設けられていないことを指摘している。基準としてのあり方については大きな相違が見られるとはいえ，米国と IFRS は両者の間で絶えず基準策定のすり合わせを行いながら基準の統一化の道を探ってきた。

その一環として米国と EU は，差異調整表（reconciliation）撤廃に向けた道筋をつけ，2009 年より米国に上場している EU 企業が IFRS に基づく財務諸表をファイリングする場合 US-GAAP への調整表の作成義務がなくなることになり，米国での IFRS 受け入れにおいて歩を進めている[15]。

IFRS を受け入れる具体的な方法として，2012 年に SEC の主任会計士は，米国はエンドースメントの形で IFRS の会計基準を徐々に組み込んでいくこと，その際にすべての会計基準をある時点で置き換える，いわゆるビッグバン・アプローチではなく，あくまで徐々に会計基準を置き換えていくことを示唆している。すなわち，あくまでエンドースメントであり，自国基準を維持しながら徐々に組み込んでいくことが想定されている[16]。また，同じ週に

---

[15] Framework for advancing transatlantic economic integration between the European Union and the United States of America, April 30, 2007, の合意文書が，米国大統領，欧州理事会理事長，欧州委員会委員長の間で取り交わされている。当時の状況の解説として吉井（2007），河野（2007）を参照。河野（2007）によると，EU 企業にとって差異調整表の作成はかなり負担となっており，義務の廃止は意義ある改正として受け止められたとある。

[16] U.S. nears accounting shift, *Wall Street Journal*, Feb. 21, 2012.

SECの委員長がIFRSの導入に関して急がない旨の発言をしていること[17]、その後の同年7月の最終スタッフレポートにおいては具体的な組み込みの方法が示されなかったことから、米国においてどのようにIFRSの導入が進められるのかはなお明らかではない。

現在（2014年）、IFRSを適用していない主要国で最も影響力が大きいのが米国であり、米国の動向で会計基準設定のあり方が変わるといっても過言ではない。

5. 日本への影響

2007年8月、IASBと日本の会計基準委員会（ASBJ）が当時のIFRSと日本基準の差異を2011年6月までに徐々になくしていくことを合意した（東京合意）。これにより、2005年から日本が取り組んでいたIFRSとのコンバージェンスが加速化する契機となるはずだった。ここで具体的な期限を定めたことで、日本がIFRSに対して積極的に取り入れていくことを国際的に示すことになった。

2009年6月30日には、IFRS採用に向けて、金融庁が「我が国における国際会計基準の取扱いに関する意見書（中間報告）」を公表し、「IFRSの強制適用の判断の時期については、とりあえず2012年を目途とすることが考えられる」という具体的なスケジュール案も示され、強制適用が決定することを前提とした各企業の準備として影響度調査などの動きが盛んになった。一方で強制適用が現実のものになった場合に国内制度や企業経営に及ぼす影響などについての議論が白熱しだした時期でもあった。

これらの議論にいったん小休止を与えたのが2011年6月、自見庄三郎金融担当大臣（当時）のIFRS適用延期の表明であった。その後企業会計審議会

---

[17] SEC chief resists pressure on global accounting, *Reuter*, Feb. 24, 2012.

においても，IFRS適用における慎重論の審議結果がまとめられた。

その後2012年7月2日，「国際会計基準（IFRS）への対応のあり方についてのこれまでの議論（中間的論点整理）」の公表，そして2013年6月19日，企業会計審議会，「国際会計基準（IFRS）への対応のあり方に関する当面の方針」が公表された。この「当面の方針」では，「まずは，IFRSの任意適用の積上げを図ることが重要である」としつつ，強制適用については「諸情勢を勘案すると，未だその判断をすべき状況にないものと考えられる」という立場を示した。また，具体的な方針として，任意適用要件の緩和，エンドースメント手続と「我が国に適した」IFRSとしての修正国際会計基準の導入，単体開示の簡素化を提言している。

このうち，任意適用要件の緩和については，2013年10月の連結財務諸表規則等の改正によりIFRSの任意適用要件が大幅に緩和し，当時約20社にとどまっていた任意適用企業を大幅に増やすことに寄与した。

修正国際会計基準については，何を修正すべきかといった点について激しい議論が行われ，結果として2014年7月にASBJより修正国際会計基準の公開草案が公表されている。

また，単体開示の簡素化はIFRSに直接かかわるものではないが，これについても2014年3月に財務諸表等規則，連結財務諸表等規則の改正がなされている。

また，2014年6月，安倍政権下で策定された『「日本再興戦略」改訂2014』では，IFRSの任意適用企業の拡大促進が盛り込まれている。

このようにIFRS導入については適用拡大の促進が続くものの，依然対応をという現状である。

第 1 章補論
EU における税制決定の概要

　制度の標準化プロセスで先例として参考になるのは，欧州連合（European Union：EU）の事案であろう。EU は国家としての形態ではないものの，一連の条約により形成された国家結合の一形態といえる[18]。欧州が直面した過去の流血の歴史から学んだ結果，政治的なプロセスの下，お互いの話し合いの中で決めごとを行っていくという方式を創り出し，絶えず見直しを行っている。

　EU は，1951 年のパリ条約，1957 年のローマ条約から，1990 年代以降では，マーストリヒト条約（1992 年），アムステルダム条約（1997 年），ニース条約（2001 年），そして近年での大改正としてリスボン条約（2009 年）など，さまざまな条約により形を変えながら形成されてきた。これらの条約の規定に基づいて EU 加盟国は国家主権の一部を移譲することになる。

　条約は EU の法体系の中で「一次法」と称され，一次法から派生してできた二次法が市民社会に直接影響を与える「法律行為」（legal acts）として機能する。

　EU 法の制定プロセスには，大きくわけると通常立法手続（ordinary legislative procedure）と特別立法手続（special legislative procedure）[19] [20] が

---

[18] EU は国家連合の段階を超えているが，連邦国家の段階まで至っていない状況と捉え，「超国家組織」とも呼ばれる（中西 2012, 19-20）。ほかには，「超国家的統治体」（庄司 2007, 4）として，複数の国家が共通機関の設立により主権の一部をプールして共同行使する統治の枠組みとも捉えられる。

[19] Article289 and 294 of the Treaty on the Functioning of the European Union (EU 機能条約：TFEU).

[20] 特別立法手続は以前の consultative, cooperation and assent procedures（諮問，協力，同意手続）に相当する。

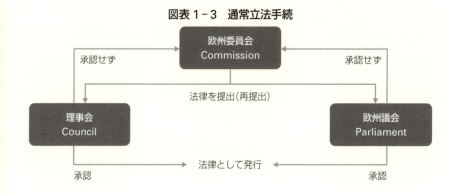

図表1-3　通常立法手続

ある。EUの立法手続の基本形は通常立法手続であり[21]，これは，執行機関である欧州委員会（European Commission）が提案し，立法機関である欧州議会と欧州連合理事会が承認することで制定される[22]。

また，特別立法手続（special legislative procedure）は欧州連合理事会と欧州議会の共同決定ではない手続きであり，欧州議会への諮問を行う①諮問手続（consultation procedure）と欧州議会の同意を必要とする②同意手続（consent procedure）[23]に分かれている。

特に法人税のような直接税の分野では，EU域内での税制調和という目標は掲げられているものの，法人税のような直接税に関する権限をEUに委譲することは各国の歳入に影響を与えることになるため，進展のスピードは速くはない。また，EU域内での単一市場の形成をゆがめない形での税制の設計を志向しているものの，近年ではEU加盟国の間での税率引き下げ競争に

---

[21] リスボン条約前は共同決定手続（codecision procedure）と呼ばれた。
[22] EUにおける法律や政策を決定する主要な機関として，各加盟国を代表する欧州連合（EU）理事会（The Council of the European Union），EU市民を代表する欧州議会（The European Parliament），そして欧州全体の利益を代表する政治的に独立した機関である欧州委員会（EC）（The European Commission）の3つで成り立っている。
[23] 2009年のリスボン条約前はassent procedureとの名称だった。

よる自国への企業誘致が盛んになっている部分がある[24]。

特にEUの税制は，ほかの立法手続よりも欧州議会の影響力が弱い。欧州委員会は法案を欧州連合（EU）理事会と欧州議会に提出するが，内容によっては欧州中央銀行（European Central Bank：ECB），諮問委員会である経済社会委員会（Economic and Social Committee）および地域委員会（Committee of the Regions）等の意見も加え，最終的に欧州連合（EU）理事会の決定（全会一致または特定多数決）を経てEU法が成立する。税制についてはECの下部組織たる税制・関税同盟総局（Taxation and Customs Union DG）において，各国からの税務専門家を集めEUレベルでの共通税制の提案作成を行っている。

1. EUの法令と意思決定方法

欧州委員会で公表する文書はCommission Communication（欧州委員会報告書）と呼ばれ，通達および覚書，提案書の性格をもつ。提案書のうち，規則案や指令案は，最終的にEUにおける最高意思決定機関たる欧州連合（EU）理事会にて採択されることで，規則や指令（図表1－4）として効力を有することになる。

EUにおける法律行為（legal acts）の類型としては，規則（Regulations），指令（directives），決定（decisions），勧告（recommendations），意見（opinions）が列挙されており（EU機能条約（TFEU）第288条1項），加盟国に対する拘束力が異なることになる。

---

[24] JETRO website「EU進出に関する基本的なEUの制度 税制」(http://www.jetro.go.jp/world/europe/eu/invest_04/), Official website of the European Union (http://europa.eu/legislation_summaries/taxation/index_en.htm).
European Commission Website EU Tax Policy Strategy (http://ec.europa.eu/taxation_customs/taxation/gen_info/tax_policy/index_en.htm, Access) Jan.2015.

第1章　会計・監査基準の標準化・統合化の流れ

図表1-4　EUの法令行為の類型

規則（Regulations）	すべての加盟国に対して直接適用可能であり，加盟国が国内立法を行わなくとも加盟国の法秩序として適用される
指令（Directive）	各加盟国に達成が求められるが，形式および手段についての権限は国内機関に委ねられる
決定（Desision）	当該決定の名宛人に対して拘束力をもつ
勧告（Recommendations）および意見（opinions）	EU諸機関により採択されるが拘束力を有しない

出所：庄司（2013, 209-213）を基に筆者作成。

　EUの最高意思決定機関たる欧州連合理事会の決議方法は，当初は全会一致を原則としていたが，この方法は意思決定に時間が掛かりすぎるため，単一欧州議定書の発効，ニース条約を経て，特定多数決方式が導入され，その範囲の見直しは随時なされている[25]。しかしながら，税制については対外政策や防衛および社会保障の分野と同様，リスボン条約の後も引き続き全会一致が継続されることになり[26]，依然として統合には時間がかかる分野と見られる。税制の決定方式は国家主権のあり方の問題と絡む対外政策や国防などの領域とレベル感は変わらず，多少の歩み寄りはあるものの，税制は各加盟国に大きく権限が移譲されているのが現状である。

参考文献

Accounting Standards Board（AcSB）in Canada（2011）Adoption of International Financial Reporting Standards – Background Information and Basis for Conclusions, *CICA Handbook- Accounting*, Part I, June 2011.

Benston, G. J., ed., M. Bromwich, R. E. Litan, and A. Wagenhofer（2006）*Worldwide Financial Reporting : The Development And Future of Accounting Standards*,

---

[25] JETRO（2002；2004；2009），小久保（2001）など参照。
[26] リスボン条約に盛り込まれたEU理事会における評決方法については田中（2010）で詳細に扱われている。

Oxford University Press（川村義則・石井明監訳（2009）『グローバル財務報告：その真実と未来への警鐘』中央経済社).

Godfrey, J. M. and K. Chalmers, eds. (2007) *Globalisation of Accounting Standards*, Edward Elgar Publishing（古賀智敏監修（2009）『会計基準のグローバリゼーション』同文舘出版).

Herz, R. H. (2013) *Accounting Changes : Chronicles of Convergence, Crisis, and Complexity in Financial Reporting*, AICPA（杉本徳栄・橋本尚訳（2014）『会計の変革：財務報告のコンバージェンス，危機および複雑性に関する年代記』同文舘出版).

Most, K. S. (1994) Toward the International Harmonization of Accounting, *Advances in International Accounting* 6：3-14.

Nobes, C. and R. Parker (2010) *Comparative International Accounting*, 11th edition, Prentice Hall.

Picketty, T. (2014) *Capital in the Twenty-First Century*, Harvard U. P., A. Glodhammer (Translator)（山形浩生・守岡桜・森本正史訳（2014）『21世紀の資本』みすず書房).

Robertson, R (1992) *Globalization : Social Theory and Global Culture-*（Theory, Culture & Society Series), SAGE Publications（阿部美哉訳（1997）『グローバリゼーション——地球文化の社会理論』東京大学出版会).

Sassen, S. (1996) *Losing Control? : Sovereignty in the Age of Globalization*（*Leonard Hastings Schoff Lectures*), Columbia University Press（伊豫谷登士翁訳（1999）『グローバリゼーションの時代：国家主権のゆくえ』平凡社).

Sassen, S. (1999) *Globalization and Its Discontents*, New Press（田淵太一・原田太津男・尹春志訳（2004）『グローバル空間の政治経済学：都市・移民・情報化』岩波書店).

Securities and Exchange Commission (SEC) (2008) Roadmap for the Potential Use of Financial Statements Prepared in Accordance with IFRS by U.S. Issuers, Proposed rule, Securities and Exchange Commission, United States, November 14, 2008.

SEC (2010a) Commission Statement in Support of Convergence and Global Accounting Standards, Securities and Exchange Commission, United States, February 24, 2010.

SEC (2010b) Work Plan for the Consideration of Incorporating IFRS into the Financial Reporting System for U.S. Issuers, Appendix to Commission Statement in Support of Convergence and Global Accounting Standards.

SEC (2011a) Work Plan for the Consideration of Incorporating International Financial Reporting Standards into the Financial Reporting System for U.S. Issuers, Exploring a Possible Method of Incorporation, Staff Paper, A Securities and Exchange Commission, United States, May 26, 2011.

SEC (2011b) Work Plan for the Consideration of Incorporating International

Financial Reporting Standards into the Financial Reporting System for U.S. Issuers, An Analysis of IFRS in Practice, Staff Paper, A Securities and Exchange Commission, United States, November 16, 2011.
SEC (2011c) Work Plan for the Consideration of Incorporating International Financial Reporting Standards into the Financial Reporting System for U.S. Issuers, A Comparison of U.S. GAAP and IFRS, Staff Paper, A Securities and Exchange Commission, United States, November 16, 2011.
SEC (2012) Work Plan for the Consideration of Incorporating International Financial Reporting Standards into the Financial Reporting System for U. S. Issuers, United States Securities and Exchange Commission, Office of the Chief Accountant Final Staff Report, July 13, 2012.
SEC Advisory Committee (2008) Final Report of the Advisory Committee on Improvements to Financial Reporting to the United States Securities and Exchange Commission, August 1, 2008.
Stiglitz, J. E. (2002) *Globalization and its Discontents,* New York：W. W. Norton & Company（鈴木主税訳（2002）『世界を不幸にしたグローバリズムの正体』徳間書店）.
伊豫谷登士翁（2002）『グローバリゼーションとは何か：液状化する世界を読み解く』平凡社新書.
植田隆子・小川英治・柏倉康夫（2014）『新EU論』信山社.
大日方隆（2012）『金融危機と会計規制：公正価値測定の誤謬』中央経済社.
加賀谷哲之（2011）「IFRS導入が日本企業に与える経済的影響」『国際会計研究学会年報』臨時増刊号：5-22.
加茂利男・大西仁・石田徹・伊藤恭彦（2012）『現代政治学（第4版）』有斐閣アルマ.
木村正人（2013）『EU崩壊』新潮新書.
河野明史（2007）「米国証券取引委員会によるIFRSに基づくファイリングの容認」『情報センサー』（新日本監査法人）10：45-49.
国末憲人（2014）『巨大「実験国家」EUは生き残れるのか？：縮みゆく国々が仕掛ける制度イノベーション』草思社.
古賀智敏・五十嵐則夫（1999）『会計基準のグローバル化戦略』森山書店.
小久保康之（2001）「ニース条約の概要とEU統合の行方」『欧州安全保障システムの新展開からの米欧同盟の考察（平成12年度外務省委託研究）』財団法人日本国際問題研究所所収：108-122.
斎藤静樹（2010）『会計基準の研究（増補版）』中央経済社.
斎藤静樹（2014）「経済制度国際統合のレベルと経路：会社法と会計基準の選択肢」『企業会計』66（1）：17-24.
庄司克宏（2014）『新EU法　政策編』岩波書店.
庄司克宏（2013）『新EU法　基礎編』岩波書店.
庄司克宏（2007）『欧州連合：統治の論理とゆくえ』岩波書店.
JETRO海外調査部欧州課（2002）「EC法と課税国税制（EU）：加盟国税制に対する

EC 法の規制」『ユーロトレンド』.
JETRO ブリュッセル・センター (2004)「「EU 憲法を制定する条約」の妥協案成立経緯と修正後の主な内容」『ユーロトレンド』.
JETRO ブリュッセル・センター (2009)「リスボン条約の概要」『ユーロトレンド』.
杉本徳栄 (2009)『アメリカ SEC の会計政策』中央経済社.
スズキ・トモ (2012)「オックスフォード・レポート:日本の経済社会に対する IFRS の影響に関する調査研究 (The Impact of IFRS on Wider Stakeholders of Socio-Economy in Japan)」『金融庁提出ポリシー・ディスカッション・ペーパー』初度提出:2012 年 3 月 30 日.
田中信世 (2010)「EU のリスボン条約発効と今後の課題」『季刊 国際貿易と投資』79 (Spring):51-63.
丁嵐 (2011)「中国会計制度の変遷を踏えた IAS/IFRS との調和化の考察」『アドミニストレーション大学院紀要』(熊本県立大学), 8:73-112.
中西優美子 (2012)『法学叢書 EU 法』新世社.
羽場久美子 (2013)『EU (欧州連合) を知るための 63 章』明石書店.
福島清彦 (2003)『アメリカのグローバル化戦略』講談社現代新書.
藤井良広 (2013)『EU の知識 (第 16 版)』日本経済新聞出版社.
山根裕子 (1995)『新版・EU/EC 法:欧州連合の基礎』有信堂高文社.
吉井一洋 (2007)「会計基準のコンバージェンスの概要 その 1」大和総研 制度調査部レポート 2007 年 9 月 28 日.

第 2 章

税制：
会計基準の国際標準化と税制との整合化

第1節　問題の所在

　第1章では会計基準の国際化および諸制度の国際標準化と各国の地域性や固有性との関係について検討し，共通経済圏の形成過程と並行して会計制度の標準化を進めた EU における状況を詳細に検討した。

　第1章の検討により明らかになったことは，会計と諸制度の国際標準化の動向は既存の諸制度との間にしばしば不整合を引き起こすがゆえに何らかの整合化が不可欠とされていることである。財務会計と密接な関係にある税制および会社法との整合性をいかに図るのかは，いずれの国においても問題になる程度に違いはあるものの検討課題になっている。とりわけ，国際標準化と既存の国内制度との間に生じた不整合により，当該国においてグローバルな企業活動を展開する企業に対して制約をもたらし，ひいてはその国の経済全体にとってもマイナスの影響をもたらすと考えられる場合，不整合問題に対して何らかの対策をとらなくてはならない。

　本章では，会計基準の国際標準化と各国の既存の制度，特に税制との間の不整合に注目し，両制度の整合化を図るためにどのような対策が講じられたのかについて，その過程にまで踏み込んで検討する。本章で検討の対象とするのは，会計基準と税制との間の不整合と調和化へのプロセスである。ここで税制に注目するのは，経済活動にかかる諸制度の中で税制は会計基準との結びつきが強い一方で，国際的な会計基準，例えば国際財務報告基準と税務会計とでは基本理念が異なるためである。この違いは国によって程度の差はあるものの，第1章でも示したようにドイツ・フランス等，あるいは日本においては財務会計上の利益計算が課税所得計算の根拠となっていることから，会計基準は税制のうちとりわけ税務会計に対して大きな影響を与えている。ゆえに財務会計と税務会計との間の不整合を検討することは，会計基準の国際標準化と各国の既存制度との整合化を検討するための出発点と考えられる

第2章 税制:会計基準の国際標準化と税制との整合化

第一の理由になる。一方,税制をいかに整備するのかは国の主権に属していると考えられ,それゆえ各国固有の事情や社会的・歴史的な要因によって制度が形成されていることから整合化に対して最も強く不整合が生じる領域であり,これが会計基準と税務会計との関係を検討対象となることの第二の理由である。

会計基準と税制との関係については,第3章においても,具体的な会計基準のレベルで引き続き検討するが[1],本章ではこれに先立ち,個々の会計基準ではなく制度全体の視点からみてどのような不整合が生じており,それに対してどのような対応が講じられたのかを検討する。会計基準の国際標準化と各国固有の制度との間の不整合にどのように対応するべきであるのかという本書の問題意識からすれば,個々の具体的な会計基準に焦点を当てるだけでは不十分であり,全体的・包括的な視点から問題点を把握することが検討されなくてならないためである。

本章では会計基準の国際化に伴う税制への影響について,とりわけ企業会計との関係が強い法人税法に焦点を当てて検討していく。ついてはすでにIFRSを導入している欧州の事例(イギリス・フランス・ドイツ)を取り上げて,IFRSと各国の会計制度や税制との間でどのような不整合が発生しているのか,そしてそれに対してどのように対応が進められたのか,そしてその結果発生している問題点を検討する。

これら3国を検討対象としたのは,いずれもEUにおいて中心的な役割を果たしている国であり,2005年から上場会社の連結財務諸表にIFRSが強制適用されてIFRS適用実績があり,その経験が蓄積されているからである。しかし,各国の選択権の行使により適用のあり方は国により異なる。イギリスはIFRSに準拠して作成した財務諸表の結果を税務申告に利用できることを認めている。一方,フランス・ドイツはそれを認めていない。またフランス・

---

[1] 第3章では具体的な会計基準として,資産の定義や耐用年数の取扱,資産化される研究開発費の例などを取り上げて検討を行う。

ドイツは法体系が大陸法に属し，慣習法のイギリスと比較すると，税務と会計との間の関係が深い国である。これらの国々を比較することにより，会計基準の国際化と税制との不整合を調整するための国としての方針，さらにそれを具体化するための国内法制化についての違いが観察できる。ゆえにここから，日本が今後取り得る方向性についても示唆を与えることができるものと考える[2]。

第2節　会計基準の国際標準化と税制の標準化との関係

　具体的な事例に入る前に，まず会計の標準化と税制の標準化との関係について少し整理をしておきたい。先に会計の標準化は，税制のような各国に固有な制度との間に不整合を引き起こすと述べたが，このような不整合は常に発生するわけではない。経済活動のグローバル化は必ずしも会計だけに標準化をもたらすわけではなく，企業にかかわるさまざまな制度で会計制度と関係が深い分野，例えば税制にも標準化への圧力をもたらす。ゆえに，例えば会計の標準化と税制の標準化が同じ方向性と深度で進展するのであれば，会計と税制の間に不整合は生じないということになる。

　しかし，課税を中心とした税制のあり方を決定する権限は各国の主権の下におかれていることから，税制の国際標準化は会計基準の国際標準化とは

---

[2] 日本における会計基準と租税（法人税法）等の関わりを扱った先行研究としては次のようなものがあげられる。会計基準の国際化と確定決算主義を扱ったものとして，坂本（2009），財務会計基準機構（2008），日本公認会計士協会（2010）など。海外制度との比較としては，IFRS導入の際に米国の法人税に与える影響を示した永田（2009），欧州主要国の制度の概要を示した財務会計基準機構（2008）がある。また会計を取り巻く制度間との関係を扱ったものに，武田（1993），弥永（2009d,e），島田（2009），日本租税研究協会（2011）など。なお，本章でも必要に応じて個々の会計基準に関する不整合を取り上げるが，本章の検討の中心はあくまで制度全体のレベルでの不整合とそれに対する対応ということになる。

第2章　税制：会計基準の国際標準化と税制との整合化

違った枠組みによって進められることが多く，その結果，両者の不整合が生じることがある。会計と税制の国際標準化（あるいは統一化）が一定程度進展している EU 加盟諸国がその典型例である。すでに述べたとおり，EU 加盟諸国においては IFRS が上場会社の連結財務諸表作成に強制適用になり，また税制面においても，間接税については，付加価値税（Value Added Tax：VAT）の制度[3]は大枠として統一化がなされている[4]。また直接税である法人税制においても統一化の可能性が模索されており，共通連結法人税課税標準指令案（2011年3月16日，欧州委員会）が公表されている[5]。しかし，この指令案のめざすところは，EU 全体に適用される共通課税ベースのルールの適用について国境をまたがって活動する企業に対してのみ共通ルールか，あるいは本社所在国の国内ルールによるのかの選択権を与え，これにより法人税の共通課税ベース（Common Consolidated Corporate Tax Base：CCCTB）化を漸進させることにある[6]。すなわち CCCTB は EU 統一法人税法の策定をめざしているのではなく，グローバル企業に対する課税は EU 加盟諸国政府に留保されることに配慮しながらルールの共通化をめざしていると理解できる。

　EU 加盟諸国は IFRS を採用していることから，CCCTB において適用される会計基準として念頭に置かれているのは IAS/IFRS であることは事実である。しかし，興味深いことに CCCTB においては具体的な会計基準について

---

[3] 1957 年に設立された欧州経済共同体（EEC）において最初の段階で着手されたのが，関税同盟の創設をはじめとする間接税分野の統合であった。1967 年には EU 加盟国間で既存の売上税を共通の制度・基礎に基づいて課税する付加価値税に変更することに合意し，域内共通 VAT 制度の導入につながっている（税理士法人トーマツ 2008, 56-112）。
[4] 日本公認会計士協会，租税調査会研究報告第24号「我が国の消費税の現状と今後の方向性について（中間報告）」，2012 年 5 月 2 日の海外パートにおいて，海外動向を記している。当該報告書策定にあたり，筆者も作成メンバーとして参画した。
[5] Commission of the European Communities (2011) Proposal for a Council Directive on a Common Consolidated Corporate Tax Base (CCCTB), COM (2011) 121/4, 2011/0058 (CNS).
[6] 例えば Essers et al. (2009) を参照。

は規定しない旨が公式見解として明記されており[7]，課税ベースのルールを策定するにあたり，CCCTB本文内では，IFRSについて言及していない。また，CCCTBも課税ベースについてのルールになっており，IFRSに準拠して計算された財務諸表上の利益から課税所得に至るまでの調整手法について記載したものにはなっていない。

このような対応に至るにあたり，次のような背景が示されている[8]。

① IFRS制定機関である国際会計基準審議会は民間組織であり，公的機関であるEUの立法が外部の民間機関からの影響を受けることには疑義を呈さざるを得ないこと[9]。

② IAS/IFRSの会計基準は投資家向けの情報提供を志向しており，課税標準を計算するための適切なルールにはならない可能性があること。

③ EU加盟諸国の中には個別財務諸表の作成にIAS/IFRSの適用を認めていない国があること。

④ IAS/IFRSにより策定された課税標準を利用することは，財政上の統治権を手放すことにつながりかねないこと。

このように，不整合への対応が最も進んでいると考えられるEUにおいてすら，会計基準の国際標準化と税制の標準化が同じ方向に進んでいるわけではないのである。

すなわち，EU加盟諸国に課税主権（課税上の法規制定権：tax jurisdiction）が留保され，国により経済事情を背景にした課税に対する考え方の相違をEUとして承認しているかぎり，税制の標準化が会計基準の国際標準化と同

---

[7] Commission of the European Communities (2006) Communication from the Commission to the Council, the European Parliament and the European Economic and Social Committee - Implementing the Community Lisbon Programme - Progress to date and next steps towards a Common Consolidated Corporate Tax Base (CCCTB), COM (2006), 157 final. なお KPMG (2011, 32) なども参照。

[8] Commission of the European Communities (2006), KPMG (2011) 参照。

[9] 日本におけるIFRS導入の議論においても，IFRSの導入が国内法への干渉になり得る点を指摘する声もある（弥永 2009d, 64）。

じようにEU全体として同一歩調で進展することはないのである。EU加盟諸国政府の立場から考えた場合，税制の設計は経済政策の一部であり，国が経済政策の立案に直接的な影響力を行使できない国際的な会計基準であるIFRSに課税計算にかかる会計基準の主要部分を委ねることは難しいと考えられる。こうしたEUの事例は，国際標準化が先に進展した会計基準と，たとえ標準化をめざそうとしたとしても，課税主権を認めている税制との間で発生する不整合を調整することが困難であることを示唆している。

このような不整合にいかに対応するのかが，現代の国民国家の大きな課題となっている。会計基準の国際標準化が進展しても，税制の標準化は国際会計基準を受け入れる形で進展するわけではない。会計基準の国際標準化が進展すればするほど，国際会計基準を税制の中でどのように扱うのかを中心として国レベルにおける調整が必要になる。

ただし，会計制度と税制の調整についての対応の難易度は国によって異なる。Nobes and Parker (2010, 37-39) も指摘しているように，財務会計（財務報告）と税務会計の親和性の程度は国によって異なっている。イギリスや米国は税務会計と財務会計がある程度独立しているが，フランスやドイツは税務会計と財務会計の親和性が高い。フランスやドイツのような（日本も同様であるが）税務会計と財務会計が深くリンクしている国々においては，IFRSに準拠して計算された会計上の利益数値をそのまま課税所得計算の基礎としてよいのかどうか，会計上識別された収益・費用を税務上の益金，損金とどのように関連づけるのかは税制の問題としても議論の焦点となる[10]。これらの国々における税務会計と財務会計のリンク，日本でいう「確定決算主義」あ

---

[10] 会計側だけが国際化を進め，税制がどのように対応すればよいかを決めるのは，税法側の方で決めればよいのではないか，という意見もあり得る。しかし，税制は国家財政と結びついており，むしろ国内的な枠組みで考えれば，会計の国際化よりも，国内の税務戦略に影響を及ぼすような国際標準化活動については事前に牽制を与えるという方が，税法側の対応としては合理的であろう。実際周知のように日本でIFRS本格導入を検討するにあたり，税制の対応が大きな問題の1つとして持ち上がったことで，IFRS適用延期が出た経緯もある。

るいは「損金経理要件」については次節で検討するが, そのような要件が税制側にあるがゆえに会計の標準化を税制が受け入れることは簡単にはできないことである。このような要件のない国, 例えばイギリスのことを検討することにより, 会計基準の国際標準化と税制の標準化との不整合をどのように調整するのかについて明らかにすることができると考えられる。

ところで, IFRSと税務会計との関係を考える際には, それぞれの会計制度の特徴について検討しておく必要がある。周知のように, IFRSの特徴として資産・負債アプローチが指摘されている。IFRSでは資産・負債の評価を定め, 純資産の期間差額を利益とする包括利益概念が存在する。一方, 税務会計では, 確定した利益を基礎にした課税所得計算の観点から費用・収益アプローチが制度になじむ。また, 公正価値評価のように, 資産の評価損益は, そもそも担税力のある課税所得を構成するのか疑義がある項目も存在する。さらに, 実務に大きな影響を与える個別不整合項目としては, 会計上の繰越欠損金や未使用の税額控除枠の算定, 不確実な税務ポジション (Uncertain Tax Positions：UTPs[11]), 移転価格税制 (Transfer Pricing Taxation[12]) 等が指摘されている。

また, 各国のIFRS導入の進展度合いの違いについても注意する必要がある。すべてのEU・EEA加盟国の上場企業にはその連結財務諸表をIFRSに従って作成することが2005年以降義務づけられた[13]。なお, EU・EEA加盟国において適用されるIFRSは, 欧州財務報告アドバイザリー・グループ (EFRAG) の助言に基づきECの会計規制委員会により承認されたバージョ

---

[11] 不確実な税務ポジション (Uncertain tax positions：UTPs) とは, 税務上の取扱が不明確な場合や, 報告主体と税務当局の間に取扱の相違があるような場合をいう。法律上での規定が不確定だったり, 特定の取引に対する法律の適用が不明確だったりする場合に生じる。

[12] 移転価格実務における計算手法では, 歴史的原価が計算根拠として使われることがあり (例えば独立企業間価格の算定方法に用いる原価基準法 (Cost Plus method) における根拠数値など), これらの算定根拠数値の保持というのも重要になる。

[13] Regulation (EC) No 1606/2002 (19 July 2002).

図表 2-1　比較対象国の会計制度等概要

	フランス	ドイツ
連結 F/S （規制市場の上場企業）	IFRS	IFRS
個別 F/S	Local GAAP のみ	Local GAAP のみ
会計基準設定主体	会計基準機構 （L'Autorité des normes comptables：ANC）	ドイツ会計基準委員会 （Deutsches Rechnungslegungs Standards Committee e.V.：DRSC）
税務会計	確定決算方式 損金経理要件が有	確定決算方式 損金経理要件が有

	イギリス	日本
連結 F/S （規制市場の上場企業）	IFRS	Local GAAP （IFRS 任意適用可）
個別 F/S	Local GAAP/IFRS 選択可能	Local GAAP のみ
会計基準設定主体	財務報告評議会 （Financial Reporting Council：FRC）	企業会計基準委員会 （Accounting Standards Board of Japan：ASBJ）
税務会計	申告調整方式 損金経理要件が明示的に無	確定決算方式 損金経理要件が有

ンに限られるが，そのバージョンにはほぼすべての IFRS の基準が承認されている。ただし，一方で上場企業の個別財務諸表，および非上場企業の連結・個別財務諸表に IFRS を適用するかどうかの選択権は，各加盟国に与えられた。

　この上場企業の連結財務諸表以外の部分に関する選択権の行使状況について，特に上場企業の個別財務諸表を取り上げると，IFRS 適用を強制する国：イタリア，強制はしないが認める国：イギリス，オランダ，認めない国：フランス，オーストリア，自国の GAAP による個別と両方作成する場合に認める国：ドイツ，というような位置づけになっている[14]。

次節では，これらの諸国のうちイギリス，フランス，ドイツの3カ国と参考として米国を取り上げ，各国の不整合問題についての制度的対応を検討する。検討に先立ち図表2－1においてIFRSの適用状況と税務会計の特徴について，次節で取り上げる3国と日本を一覧表示した。

第3節　各国の税務会計と財務会計の関係

　前節では，ドイツとフランスにおいては税務会計と財務会計とが強く関係しているのに対して，イギリスでは関係が弱いことを指摘した。では，そもそも税務会計と財務会計との関係はどのような経緯により制度として定められたのであろうか。本節ではこの点に焦点を当てることとする。

　税務会計と財務会計との関係については，大きく分けてそのアプローチに2つのタイプが考えられる。すなわち，財務会計における費用処理やその結果としての利益計算を税務会計においても利益あるいは課税所得計算の基礎とし，そこに税務会計上の修正を加えていくアプローチと，税務会計と財務会計は異なる目的のための制度であることから両者は独立の制度として関係をもたせずに利益（課税所得）計算するアプローチである。

　フランスとドイツは前者のアプローチをとっており，日本も同じアプローチをとっている。一方イギリスは後者のアプローチをとっている。そこでまず，日本の制度を取り上げて前者のアプローチを検討した上で，ドイツとフランスにおける税務会計と財務会計との関係について論述し，次にイギリスのアプローチを論述する。そして，米国のアプローチを参考に取り上げる。

14　金融庁（2012）「各国のIFRS適用状況調査結果」4月17日，IFRS application around the world, Jurisdiction Profiles, IFRS Foundation Website.

1. 日本における税務会計と財務会計の関係

　日本の会計制度は，「トライアングル体制」と呼ばれるように，金融商品取引法会計，会社法会計，そして税務（税法）会計の3つで構成されている。そして，金融商品取引法会計と会社法会計が財務会計としてほぼ同じ会計ルールに従うのみならず，税務会計の会計処理も財務会計における利益計算を基礎として行われる。

　この税務会計と財務会計との関係を定める原則が確定決算主義と損金経理要件である。まず法人税法22条は，課税所得算定に用いられる法人の費用・収益の額は，別段の定めがある場合を除き，「一般に公正妥当と認められる会計処理の基準」にしたがって計算（公正処理基準：法人税法22条4項）されなければならないことを規定しており[15]，また同74条は，法人は税務署長に対して「確定した決算」に基づいた申告書を提出しなければならないことを規定している[16]。ここでいう「確定した決算」とは，会社法438条において，「計算書類及び事業報告を定時株主総会に提出し，…株主総会の承認をうけなければならない」の規定のことを意味している。すなわち，財務会計のルールに従って作成され，株主総会で承認を受けた決算とされる。また損金経理要件とは，「法人がその確定した決算において費用又は損失として経理するこ

---

[15] なお，会社法会計では，会社法431条で「株式会社の会計は，一般に公正妥当と認められる企業会計の慣行に従うものとする。」と定め，金融法会計では「（財務諸表等）規則において定めのない事項については，一般に公正妥当と認められる企業会計の基準に従うものとする。」（財務諸表等規則1条1項）と定めて，各法令における会計基準依拠について明らかにしている。

[16] 弥永（2006, 3）はこの確定決算主義の利点として，課税所得の不当な減少の防止とモニタリングコストの削減をあげている。まず課税所得の不当な減少の防止については，財務会計と税務会計が米国のように分離されていた場合，企業は財務会計上，利益が計上されやすい会計処理を採用する一方で，税務会計上は課税所得を最小にする手法を検討すると考えられる。実際，分離方式を採用している米国では租税回避のための仕組みであるタックスシェルターが発達している。また，モニタリングコストの削減については，課税所得計算に際して財務会計の結果を利用することで2つの別々な帳簿の作成という手間を避けることができる。特に大会社等に対しては財務会計の結果として作成された計算書類に対する監査の制度が整っており，これを活用できることは，税務当局におけるモニタリングの手間とコストを削減することが考えられる。

と」(法人税法2条25項)を「損金経理」と呼び,税務会計上の損金として処理するためには損金経理が行われることを要件とすることを意味する。このように税務会計でいう確定した決算は,会社法会計に依拠し,「一般に公正妥当と認められる会計処理の基準」に従って計算され,税務会計上の損金とするためには財務会計上の費用として処理されていることが必要であることになる[17]。

2. フランスとドイツにおける税務会計と財務会計の関係

上記の確定決算主義と損金経理要件により示されているルール,すなわち,「一般に公正妥当と認められる会計処理の基準」に基づいて計算された財務会計上の費用・収益を基礎として課税所得計算を行うルールは,日本のみならず,フランスとドイツにおいても課税所得計算の原則となっている。

フランスにおいては,租税一般法典(Code général des impôts)の付表Ⅲの38条4項(article 38 quater de l'annexe 3)に「企業は,企業会計原則(Plan Comptable Général:PCG)で規定されている定義が税の算定基礎のために適用される基準と矛盾しないかぎり,当該定義を遵守しなければならない」との定めがあり,日本と同様に課税所得計算にあたり財務会計に依拠しなければならないことが規定されている[18]。さらに,対象となる取引が会計処理されることを条件に,税務上の処理が認められることとされている。

ドイツにおいては,課税所得を算定する際の原則として「基準性の原則」[19]

---

[17] しかし,税務が財務会計の結果を利用して対応する現在の体制をそのまま続けることについては,近年見直しが再三唱えられている。武田(1993, 110),田中(1999, 38-39),品川(2003, 10-11)など。

[18] Décret n° 84-184 du 14 mars 1984 art. 1 Journal Officiel du 17 mars 1984.

[19] 原語によると,Grundsatz der Maßgeblichkeit der Handelsbilanz für die Steuerbilanz(税務貸借対照表に対する商事貸借対照表の基準性の原則),略称ではMaßgeblichkeitsgrundsatz(「基準性の原則」)という。

と「逆基準性の原則」と呼ばれる2つの原則が指摘できる。ドイツにおいては「正規の簿記の諸原則」に従って作成される貸借対照表が財務会計および税務会計の中心的な財務諸表とされているが，財務会計における貸借対照表（商事貸借対照表）と税務会計における貸借対照表（税務貸借対照表）との関係を定めるのが「基準性の原則」である。「基準性の原則」とは独所得税法5条1項により，一定の納税業者（企業も含む）に対して，事業年度の末日において「商法上の正規の簿記の諸原則」に従い事業財産を表示することを要求する。すなわち，日本と同様に，商法上の規定にしたがって会計処理が行われ，これを基礎に課税所得を計算することを定めている（柳 2008, 76-77 ケンプ 2000）。そしてこの基準性の原則の適用をめぐり，解釈上の争いが生じたことから課税所得計算が法的に不安定な状態になったことから，同第5条第1項に新たに追加されたのが「利益計算における税法上の選択権は，商法上の年次決算書と一致して行使されなければならない」という「逆基準性の原則」である。この逆基準性の原則により，例えば割増償却，特別減価償却および非課税準備金等の税務上の恩典を受けるためには，商事貸借対照表にて同様の処理がなされている必要があることが導かれる。この原則により，商法上の「正規の簿記の原則」を適用する際の自由が拘束されることになる[20]。この「逆基準性の原則」は，税務会計と財務会計との間のより強い関係を設けることになったが，後述のようにIFRS導入と調和化の過程で廃止されることになった。

3. イギリスにおける税務会計と財務会計の関係

イギリスにおいては，日本やフランス，ドイツのような形での税務会計と財務会計との関係は設けられていないが。しかし，両者は無関係ではない。

---

[20] ただし，これについては税務恩典のために，商事貸借対照表の記述がゆがめられるという問題点が指摘されている（柳 2000, 80）。

イギリスにおける税務会計と財務会計との関係をここでは論述する。

長くイギリスにおいては、税務会計と財務会計の関係は独立しており（Lamb 2006）、課税所得の計算に財務会計目的で用いられる自国の会計基準は利用されてこなかった。一方、法人税法等の関連法規において事業所得（business income）や利益（profit）概念の定義されていなかったことから、課税所得計算においては税務当局が自らその方法を定めていた。しかし、経済活動の進展に伴い、税務会計と財務会計の関係がより密接になってきた結果（Essers, et al. 2009, 34-35）、課税所得計算においても財務会計におけるルールに従うという判例が蓄積されるようになった[21]。現在では、財政法（Finance Act：FA）において「課税所得は一般に公正妥当と認められた会計実務に基づいて（in accordance with generally accepted accounting practice）計算されなければならない」と（FA 2002, section 103）と規定されており、これは日本の公正処理基準に相当する規定はみられるものの、後述のとおり税務会計と財務会計の関係にフランス・ドイツほどの隣接が見られない。なお、この「一般に公正妥当と認められた会計実務」については、2004年財政法にて、これを構成する基準の1つとして、"international accounting standards"が含められており（section 50）、そのほかにUK GAAP（FRS）が含まれるとしている[22][23]。

また、税務上の収益・費用の識別については会計基準の取り扱いに準じ、課税所得を構成する所得だけに課税され、また、税法上明確に定められた条項が設けられていないかぎり課税所得の構成要素から除外されない（所得源泉ルール（source rule））[24]。

イギリス当局特有の措置としてよく指摘されてきたのは固定資産の減価償

---

[21] Gallagher v. Jones（1993）, Threlfall v.Jones（1993）STC 537 などの会計基準を税務上における処理の根拠とした判例があげられる。

[22] この規定は元来1988年 Tax Act Section836A にて定められていた。

[23] FA 1998, section 42, Finance Act 2002 で修正。IFRS が課税所得計算目的に利用可能になったのは Finance Act 2004 から。

却である。イギリスにおけるこの措置には諸外国と比較して大きな相違があり，それは減価償却にかかる損金経理要件に相当する規定が存在しないことである。イギリスにおいては，会計上の減価償却費は税務上否認されて，全額加算調整され，最終的に資本控除（capital allowance）として別途控除する措置がとられている。この資本控除措置がとられる以前には減価償却費自体が認められていなかったが，別途控除が認められるようになった[25]。これについてイギリス政府は，税収確保の一方，産業振興の観点から望ましいと判断した結果と，資本控除を認める背景を説明している[26]。

補論　米国における税務会計と財務会計の分離

以上がフランス・ドイツ，そしてイギリスにおける状況であるが，米国の状況を紹介しておきたい。

米国においては税務会計と財務会計は基本的に分離している。財務会計報告は証券取引法および証券取引所法（Securities Act of 1933 および Securities Exchange Act of 1934）に基づいて制度化され，資本・利益計算は一連の米国会計基準書に基づいて行われている。一方，税務会計は内国歳入法（Internal Revenue Code）に基づいて制度化され，課税所得計算基準も同法にしたがって独自に定められている（内国歳入法446条）。両者はそれぞれ独立であると理解されており，裁判所判例でも一致する必要がないことが認められている[27]。ただし，完全に分離をすることはやはり難しく，例えば，

---

[24] イギリスでは，過去においては税務当局が納税額を決定する賦課課税方式を採用していたが，法人税については1999年7月1日以降終了事業年度より申告納税制度（Self assessment）に制度移行している（税理士法人トーマツ 2008, 114）。
[25] イギリスでの資本控除の前身に相当する控除は1878年に導入され，1945年所得税法で資本控除（capital allowances）となった。
資本控除が減価償却の償却率に近い形になったのは，1984年の改訂以降である。（HMRC Website, CA10040, History of Capital Allowances, Access Nov.2014）
[26] UK 2004 Budget Press Release PN 04（http://webarchive.nationalarchives.gov.uk/20091222074811/http://www.hmrc.gov.uk/budget2004/pn04.htm), access : July 2014.
[27] Thor Power Tool v. Commissioner, 439 U.S. 522（1979）.

図表2-2　各国における財務会計と税務会計の関係

	フランス	ドイツ	イギリス
投資家向会計と,株主向会計の関係	商法会計中心	商法会計中心	会社法会計が中心
会計基準の適用	上場連結：IFRS 上場個別：仏国GAAP 非上場：仏国GAAP	上場連結：IFRS 上場個別：独国GAAP 非上場：独国GAAP	上場連結：IFRS 上場個別：英国GAAP/IFRS 非上場：英国GAAP/IFRS
税務会計	確定決算方式 損金経理要件があり	確定決算方式 損金経理要件があり	申告調整方式損金経理要件が明示的に無し
税務申告書	企業会計の利益数値に調整項目を反映させる	企業会計の利益数値に調整項目を反映させる	課税所得は企業利益と別に計算する
課税所得に利用する数値	仏国GAAPから算出された会計利益から算出	独国GAAPより算出された会計利益から算出	英国GAAPもしくは,IFRSの結果を利用することが可能

	日本	米国（参考）
投資家向会計と,株主向会計の関係	会社法会計, 金融商品取引法会計の双方が並存 それぞれに開示規制があり	証券取引法会計が中心
会計基準の適用	日本GAAP	米国GAAP
税務会計	確定決算方式 損金経理要件があり	分離方式
税務申告書	企業会計の利益数値に調整項目を反映させる	課税所得は企業利益と別に計算する
課税所得に利用する数値	日本GAAPにより算定された会計利益から算定	独自に計算

内国歳入法において税務上,後入先出法(Last In, First Out：LIFO)を使用する会社は,財務報告上もLIFOを使用しなければならないとする規定が存在することには注意しなければならない[28]。

ここで取り上げた諸国における税務会計と財務会計の関係は図表2-2のとおりである。

第4節 税務会計と財務会計の整合化プロセス：イギリス・フランス・ドイツの事例

1. イギリス

(1) イギリスの会計基準

ところで,そもそもイギリスにおける会計基準はどのような手続を経て制定されているのであろうか。

イギリスの会計基準は,会社法(Companies Act)においてその大枠が定められ,詳細な会計基準の設定は民間団体である会計基準設定主体に委ねられている。1990年8月より,イギリスにおける会計基準の設定は,会計基準審議会(Accounting Standards Boards：ASB)に委ねられ,さらに2012年7月からは財務報告評議会(Financial Reporting Council：FRC)に委ねられている。イギリスにおいては,上場企業の連結財務諸表はIFRSにしたがって作成することが求められており,一方で上場企業の個別財務諸表についてはUK GAAPである財務報告基準(Financial Reporting Standards：FRS)もしくはIFRSが選択可能とされている。イギリスは元来IFRS導入に積極的であったが,この積極姿勢の背景には,統一的な会計基準を導入すること

---

[28] AICPA (1984) Issues Paper, Identification and discussion of Certain Financial Accounting and Reporting Issues Concerning LIFO Inventories, Section Seven, 7-1.

により，イギリス企業の海外における資金調達が容易になること，その結果として，資本コストの低減効果や，財務諸表の比較可能性を確保することが期待できることが指摘されているが[29]，そもそもIFRSとFRSとの共通項が多く，両基準の間のコンフリクトが少ないことが背景にあることもうかがえる。

IFRSに準拠した連結財務諸表を開示することは，ロンドン証券取引所に上場するすべての会社（約1,400社）に求められている。個別財務諸表にIFRSを適用する必要はないが，適用は任意であることから潜在的な利用可能対象企業数としては少なくはない。

なお，イギリスの財務会計の理念として，真実かつ公正な概観（true and fair view）を求めており，真実かつ公正な概観を達成するために必要な会計処理の基準が選択されなければならないとする思考が存在する。そのためには例えば会社法の規定から離脱してもよいとする考え方が根底に流れている。

(2) IFRS導入による税務会計と財務会計との不整合と調和

イギリスにおいては，すでにみたように現在では課税所得計算目的であってもIFRSが利用可能とされているが，ここに至る過程においては税務会計と財務会計との不整合を調和させる問題が発生していた。このために，Finance Act 2004, Finance Act 2005, Finance (No.2) Act 2005においてさまざまな対応がなされてきた[30]。

第一にIFRSに基づいて作成された財務諸表を税務申告で用いる際に生じる一般的な問題点としては，IFRSにしたがって計算された課税所得とイギリスのGAAP（FRS）によって計算された課税所得の二種類が存在することになり，両会計基準で重要な差異がある場合には，課税の公平原則や中立の

---

[29] Explanatory Memorandum to the Draft Companies Act 1985 (International Accounting Standards and other Accounting Amendments) Regulations 2004, 7. Policy Background 7.2.
[30] FA 2004ではsection 50〜54とSchedule10において，FA 2005ではsection 80〜84とSchedule4において，IAS導入と導入に伴うイギリス税務に与える影響について改正を行っている。

原則が保たれなくなることが指摘できる。すなわち、両基準の「いいとこ取り」をすることにより、課税所得を低減する申告企業が出現することを防ぐために、いくつかの手当てが講じられてきた。

第二に、会計基準適用の継続性を厳しく求める措置が講じられた。すなわち、ある企業によるUK GAAPからIFRSへの移行は一度きりとして、一度移行したならば、UK GAAPへは戻せないことが規定された[31]。また、Finance Act 2004のsection 51では、親企業がIAS, IFRSにより財務報告を行い、他方同一グループの他企業がUK GAAPを利用している場合、同一企業グループ間で異なる会計基準が適用されることになり、このような異なる会計基準の適用により税務上の恩典が生じる場合には、IFRS適用会社であっても税務目的上UK GAAPを利用しなければならないこととされている。さらに同section 53では研究開発費用（R&D cost）にかかる会計処理方法として、一定の要件を満たした場合IFRSにおいて資産計上が求められる研究開発費用であっても、税務上は支出時の所得控除、もしくは税額控除とすることができることが規定されている[32]。

第三にUK GAAPとは異なる処理が求められる事項が存在することであり、とりわけ公正価値会計にかかる調整問題が大きく取り上げられた。すなわち、公正価値会計により認識される未実現損益を課税所得計算上どのように扱うのかの問題である。未実現利益（unrealised profits）を課税上の益金に含めるのか否か、もしくは、未実現損失（unrealised losses）、例えば株式への低価法の適用により発生する損失を損金にするのか否かについての調整問題がそれである。IFRSは時価会計（mark to market）、公正価値会計（fair value accounting）を基本としていることから、未実現損益であっても収益・費用

---

[31] 会社は個別財務諸表を作成するにあたりIFRSを選択することができるが、一度IFRSを適用した場合、その後は継続してIFRSを適用することが求められ、「相応の環境変化（change of circumstance）」がある場合以外、継続適用する必要がある（Company Act 2006, 395 (3), (4)）。
[32] イギリスにおけるR&D促進税制については、三菱総合研究所（2007, 2008）を参照のこと。

として認識する。一方，未実現利益が課税対象となる益金として適切であるのか，逆に未実現損失が課税所得計算上認識すべき損金であるのかについては議論の余地があり，少なくとも無条件に課税所得計算に含めてよいとはならない。このことについては，例えば投資用不動産の会計基準であるIAS40は課税所得計算上，適用を除外することとされている。また，税法による特段の定めがない場合であっても，イングランド・ウェールズ勅許会計士協会（Institute of Chartered Accountants in England and Wales：ICAEW）がテクニカル・リリースを公にし，これにより実務上対応することが求められてきた[33]。長年ICAEWは法律と会計基準との間に存在するギャップを埋めるための解釈指針を判断の拠り所として公表する役割を担ってきたが，ICAEWが公表するテクニカル・リリース（technical release）は税務会計と財務会計にかかる調整問題について指針を公表しているものの，これらのリリースに強制力はない（Benston 2006, 93）。

第四に，制定法のみならず判例法により税務会計と財務会計との調整が行われてきたことも重要である（Freedman 2004, 78）。ここで判例法に委ねられるときの出発点になるのは会計上の判断指針であるが，常に会計上の判断が優先されるという訳ではなく，税務上は異なる判断が行われるときがある（Freedman 2004, 80；HMRC 2006）。税務訴訟には個別・具体的な事例が多く，必ずしも普遍性のある法解釈を形成するわけではないことも指摘されている（Benston et al. 2006, 91）。

以上を要約すれば，イギリスにおいては，日本における損金経理要件は存在しないが，財務会計の結果は課税所得計算に利用されており，UK GAAPとIFRSの両基準が利用されている。このことにより，IFRSを課税所得計算

---

[33] 実現利得についてはICAEWにより公表されたTechnical Release 7/03 on Realised Profitsが当初公表され，また会社法との関係でも配当可能利益算定のための根拠となる実現利得のガイダンスとしても，Technical Release 21/05 on Distributable Profits：Implications of IFRSがあげられる。その後随時見直されており，後続のTechnical Releasesが公表されている（TECH 01/08, 07/08, 08/08, 01/09, 03/09, 02/10, 03/10）。

に適用する申告企業は，どちらかの基準を継続してして使うことが要求され，またグループ企業内の基準の使い分けは認めないこととされ，「いいとこ取り」がなされない措置が講じられている。公正価値会計が税務に影響を与え得る未実現損益に関しては，立法等によりそれらを除外する措置が講じられている。

2．フランス

フランスでは，IFRSにかかる選択権が行使された結果，個別財務諸表はPCG（フランス企業会計原則）に基づき作成され，課税所得の計算も，この個別財務諸表を基礎として行われる。この点を規定しているのは，租税一般法典（Code général des impôts）の付表Ⅲの38条4項（article 38 quater de l'annexe 3）である。ここでは，企業は「税の算定基礎のために適用される基準と矛盾しない限り」会計基準に従うべきこととされており，別段の定めがなければ会計基準に従って課税所得が計算される。

フランスでは，会計基準の調和化の一環として，1999年に連結財務諸表作成基準がPCGから分離され，独立基準としてフランス連結会計基準が策定された[34]。したがって，IFRSの導入により仮にこの連結会計基準に影響を及ぼしたとしても，無条件に個別財務諸表に影響を及ぼすことがなくなった。この手当てにより，課税所得計算はIFRSから分離されたことになった。しかし，PCGも近年IFRSへの調和化が進められているため，財務会計と税務会計との間の調整が必要になっている。具体的には，PCGをIFRSと調和させる場合，選択規定を設ける，あるいは上記の「税の算定基礎のために適用される基準」を別途定めることによる等の調整がなされてきた[35]。

税務会計のみならず財務会計においても，大陸法に固有の権利・義務の規

---

[34] Règlement CRC n° 99-02 du 29 avril 1999 relatif aux comptes consolidés des sociétés commerciales et entreprises publiques.

定と齟齬を生じさせる IFRS 基準については，そもそも導入が見送られている。その典型例がリース会計基準 IAS17 である。同会計基準は調和化の対象ではなく，そもそも PCG に反映されてこなかった。従来からフランスでは，財務会計（PCG），税務会計において，リースは賃貸借処理とされており，その規定は変更しないことで税務への影響を排除しようとした。その背景には，IAS17 のリース契約においては，資産の定義について，フランスに固有の法体系と整合しないことが指摘されている[36]。

フランスは IFRS を上場企業の連結財務諸表のレベルで導入する一方で，そのことが自国の法制度と整合しない会計基準については，その影響を慎重にコントロールをしており，法体系と明確に違背する基準を取り入れることはしていない。フランスの会計基準設定主体である会計基準機構（L'Autorité des Normes Comptables：ANC）は，IFRS を適用するのは国際的な経済活動を展開している大企業に限定し，自国の GAAP である PCG は IFRS とは切り離して維持する方針を表明している（ANC 2010, 2011；藤田 2009, 2010 など）。このことの背景には，IFRS と国内法制との整合性についての配慮や，フランスにおける公正価値会計に対する強い懸念が指摘されている（藤田 2010；Colasse, 2009）。

IFRS に対してフランスがこのような対応をとるのには複数の事情がある。当初，フランスの税務当局は IFRS の導入に消極的であったといわれている。しかし，EU 加盟国の中のリーダーとして EU 全体の潮流にあがらうことは

---

[35] 三菱総合研究所（2007, 2008）参照。当該報告書の欧州現地ヒアリング調査を含めて，筆者も直接調査に参加している。特に減価償却方法や，R&D 費用の処理などについては税務メリットを排除しないように容認規程にするように配慮している点など，第 3 章参照。

[36] 従来の PCG において，資産とは「実体（l'entité）にとって正の経済価値をもつ財産のすべての要素は資産項目とみなされる」（旧 PCG211-1）とあるように「財産」，すなわち法的な財産権（典型的には所有権）の客体であるものとされていた。そして，このような財産に対する財産権の所在によって（会計上の）資産の保有者が定められていた。これに対して IFRS における資産の定義では，法的な財産権というより経済的便益によって資産かどうか，あるいはその経済的実質を誰が得ているか，という点が重視されており，必ずしも法的な財産権を重視していない。（第 3 章）

できないこと,他方,会計と税務の結びつきを維持しなければならないこと,さらには,IFRSの導入により課税所得が増大する可能性等により,税務当局もIFRS導入による影響を検討せざるを得なくなってきたことが指摘されている(Evraert and des Robert 2007, 137-138)。国レベルの会計基準設定主体であり,ANCの前身であった国家会計審議会(le Conseil National de la Comptabilité:CNC)は,2004年2月に,IFRS(2004年当時はIAS)と税法との関係を調査・検討するワーキンググループとして「IASと税法」検討グループ(un groupe IAS/Fiscalité)を設立し(Villemot 2005, 10),IAS(IFRS)導入に際して税務会計に対する影響についての調査を実施し,その結果を公表している[37]。その報告書で指摘された諸点のうちのいくつかについては,その後会計基準の改正がなされた際,IFRSと国内基準の両基準を維持するフランス特有の会計制度のあり方に落着している。

加えて指摘できるフランス固有の特徴的な調整のあり方が,税法と会計基準の関係に見ることができる。国家会計審議会(CNC)が会計基準を作成し,会計規制委員会(Comité de la Réglementation Comptable:CRC)による当該会計基準がフランスの法体系と整合的であるか否かを検討する視点からプロセスを経てフランスの会計基準は設定されてきた。

フランスの会計基準は,法律による規定(loi)やデクレによる指針(décret)[38]の下位に位置づけられる。フランスにおける会計にかかる制度には3つの階層がある。最上位の第1階層が法律による規定(loi)であり,商法にある会計関係規定がその代表である。第2階層がデクレによる指針(décret)である。第3階層がその他の規制(règlement)であり,会計基準はこの第3階層に属するとされ,CRCが承認して省令(arrêté ministériel)として公布する。こうした三層構造から理解できるように,会計規制委員会(CRC)には,省令よりも高いレベルにある法律やデクレで定められる指針

---

37 CNC(2005a, 2005b)は2005年3月24日,10月20日の総会でレポート公表している。
38 日本における法律の次に強制力をもつ政省令に相当する。

を変更する権限はない。

その結果，CNC および CRC による PCG と IFRS との調和化は省令レベルで行われてきたため，上位の商法の会計諸規定と省令とが整合しなくなることが多くなってきていた。一方，デクレの指針と PCG に定める会計上のルールとに重複が存在し，このことは法的不安定性や混乱の原因となり，会計上・税務上の諸問題を生じさせていた（Lepetit 2007；弥永 2010b）。

これに対して，IFRS 導入により，CNC と CRC の機能を 1 つの組織に集約した方が望ましいと考えられ，CNC は改革されることになった。CNC はより強い権限をもった会計基準機構（ANC）に組織改編された（この詳細は小津 2014 参照）。

しかし，税法は法律であり，CNC あるいは ANC には税法を変更・修正する権限がないことから，PCG のレベルで税務会計に対応するのか，あるいは PCG は IFRS に対応するけれども租税計算上は別段の定めを設ける形で対応することになった。

以上のとおり，フランスは，IFRS を課税所得計算の根拠として認めたわけではなく，課税所得計算の根拠はあくまで自国の GAAP（PCG）であるとしている。IFRS の一部の会計ルールは PCG にコンバージェンスされたことにより部分的に課税所得計算に影響を与えた。ただし，PCG に導入されても税法によりその適用を排除する場合も見られた。その理由は，国内の他の法令との整合性を図ることが困難であったこと，およびフランスの税務当局等が IFRS の全面導入に消極的であったことが背景にある。

3. ドイツ

ドイツの個別財務諸表は，ドイツ商法典（Handelsgesetzbuch：HGB）に規定されている会計に関する定めに従って作成されなければならない。ドイツでは，IFRS で個別財務諸表を作成することも可能であるが，あくまで参

考情報の扱いとなり，IFRSに基づく個別財務諸表を作成することでHGBに基づく個別決算書の作成義務が免除されるわけではない。そして，法人の税務申告書はHGB決算書を基礎として作成されるため，フランスと同様にIFRSは課税所得計算には影響を与えない。しかし，ドイツにおいてもフランスと同様に，HGBとIFRSとの調和化が進んだため，IFRSは税務会計に対して影響を及ぼしている。

　ドイツにおける税務会計と財務会計の関係を示す前に，ドイツ税法の構造について説明しておきたい。ドイツにおける法人課税については，法人税法はあるが，主要な条文は所得税法の規定を援用している。すなわち，所得税法の規定から法人税法の規定が定められている。

　このような条文間の構造があることから，税務会計と財務会計を関係づける条文は，所得税法に依拠している。すでに述べた，商法会計制度を基礎とする課税所得計算構造を示す，「基準性の原則」，すなわち税務貸借対照表に対する商事貸借対照表の基準性の原則（Grundsatz der Maßgeblichkeis der Handelsbilanz für die Steuerbilanz）は所得税法に根拠規定が存在する（所得税法5条1項）。さらに，「利益計算における税法上の選択権は，商法上の年次決算書と一致して行使されなければならない。」とする「逆基準性の原則」（旧所得税法5条第1項第2段）も所得税法に根拠規定が存在していた。

　そしてこの「逆基準性の原則」が，IFRS導入に伴う調和化の過程で大きな問題になった。この逆基準性の原則によれば，例えば割増償却，特別減価償却および非課税準備金等の税務上の恩典を受けるためには，商事貸借対照表において同様に処理されている必要があり，これにより，商法上の「正規の簿記の原則」を適用する際の自由が拘束されることになっていた。

　そこで，商法で認められていた逆基準性原則を廃止することを盛り込んだ，商法改正のための会計基準近代化法法務省草案（BilMog）が公表され，同法は2009年に連邦議会を通過して，2010年1月1日以降に開始する事業年度から施行された。この改正商法により日本の損金経理要件にあたる，旧所得

税法第5条第1項第2段「逆基準性の原則」は廃止された。したがって、会計と税務の基準が切り離される傾向が強まり、その結果として今後会計基準による利益計算と法人税法による課税所得計算とが乖離することが予想されることから、日本の確定決算主義にあたるドイツ所得税法第5条の基準性の原則のあり方も議論になった[39]。

この結果、会計基準にしたがって作成された財務諸表において費用処理されていなくても、税務上損金とする項目が認められることになり、財務会計と税務会計との関係が弱くなった。しかし、基準性の原則が存在することから課税所得の計算は会計基準に従って実行されることが原則とされており、財務会計と税務会計との間には一定の関係がなお維持されている。ドイツにおける財務会計と税務会計にかかる法律改正については、今後引き続き整備する必要が生じている。改正商法によって今般の法律の条文上は財務会計と税務会計との分離が可能とされたが、条文の解釈にしたがって実際の課税所得計算を実行するにあたり、別途何らかの法規の整備が必要なのではないかと指摘する論者もいる（真鍋 2011）。

第5節　検討と日本に対する示唆

前節までの議論を踏まえて、会計と税務との間でどのような問題が発生し得るか、そしてそれに対してどのような対応があり得るかをまず整理し、その上で日本の文脈においてどのような対応があり得るかを考えてみよう。

これまで検討してきたイギリス、フランス、ドイツの事例からは、不整合には2つの異なるレベルがあることが明らかとなる。

---

[39] 日本の金融庁による欧州現地調査報告書（金融庁 2012）によると、ドイツ司法省からの意見として「逆基準性を廃止した理由は『税のルールの変更により、会計上の利益計算が影響を受けるべきではない』という産業界の意向」を紹介している。

① IFRSに限らず，一般に自国GAAP以外の会計基準を，課税所得計算の根拠として利用し得る会計基準（通常は個別財務諸表の会計基準）として導入することによる不整合
② 導入されたIFRS（あるいはその影響を受けた自国GAAP）と税務会計との不整合

①は，自国のGAAPが課税所得計算に用いられていることを前提として，そのような課税所得計算に自国GAAP以外を許容することによって発生する不整合である。これは，導入される新しい会計基準がIFRSであるのかどうかを問わず，新しい会計基準を組み込んでいく際の問題である。具体的には，まず新しい会計基準が持ち込まれることによって，既存の会計基準とのズレが発生し，これに対して何らかの対処をしないと課税所得計算そのものが不可能になってしまう。また，既存の会計基準に対して新しい基準を持ち込む際に，関連する既存の法令（税法のみならず，商法・会社法さらには民法等および付随する法令）との不整合が発生し得るため，これに対処しなくてはならない。

これに対して②は，実際に導入される新しい会計基準であるIFRSの中身と具体的な税法の内容との関係に関する問題である。例えば，すでに触れたように，公正価値会計の考え方に基づけば，ある資産の価額の変動はそれ自体収益（あるいは損失）として認識し得るが，課税所得計算上これが課税可能な（言い換えれば，担税力のある）収益として認められるか（あるいは課税所得計算において損失として認めるべき損失であるのか）という点があげられる。また，具体的な会計基準のレベルであれば，減価償却において耐用年数をどのように計算するか，といった問題（第3章）もこのような不整合であると理解される。このような問題は課税所得の額やその内容に影響するため，税務当局としては何らかの形で対応する必要がある。

次に，それぞれに対する対応であるが，理論的には①の問題に対しては，

(a) そもそも新しい基準を一切導入しない，(b) 既存の自国GAAPと並存させる，(c) 自国GAAPを維持したまま修正する，(d) 自国GAAPを廃止して新しい基準に一本化する，の4つの対応があり得ると思われる。しかし，(a) はグローバル化という流れの中では何らかの形で新しい基準に対応することが求められる可能性があり，現実には簡単ではない。EU諸国においても，理論的にはIFRSを上場企業の連結財務諸表の作成にのみ利用し，課税所得計算はこれとはまったく異なる自国GAAPに基づくということは不可能ではないが，実際にはフランスがそうであったようにその方針を維持することは難しいだろう。また，逆に (d) は既存の課税所得計算をすべて変えてしまうことになり，これも現実的ではない。結局，イギリスのように (b) の選択肢をとって並行させるか，あるいはフランス・ドイツのように (c) の選択肢をとって自国GAAPを維持したまま修正するというのが現実的な選択肢ということになる。

(b) の場合，すなわち，課税所得計算の基準として自国GAAPと新しい会計基準をともに認める際に問題となるのは，すでにイギリスに関して見たように，この2つの会計基準を会計事象ごとに使い分けたり，グループ企業内で使い分けたりすることにより，「いいとこ取り」をされる可能性があることである。この点については，財務会計もしくは税務会計のどちらかあるいは両方で防止のための措置が必要になる。また，課税所得計算の基準が2つあるという状態を税務当局が認めるのか，という問題もある。

(c) の場合，すなわち課税所得計算の基準としての自国GAAPを維持し，それを（少なくとも原則として）唯一の課税所得計算の根拠とするが，新しい基準に従って内容を修正し，新しい基準の一部を取り込んでいく，という場合には上のような「いいとこ取り」の問題はない。ただし一方で何を取り入れ，何を取り入れないかという点について難しい判断を迫られることになる。場合によっては，フランスにおけるリース会計のように，新しい基準（この場合であればIAS17）を取り込んでしまうと他の法令と不整合を起こす

という可能性もあり，何を取り込むか自体はかなり慎重な判断を必要とする。とりわけ，会計基準設定主体の能力が低く，このような判断をすること自体が難しい場合には，この選択肢はとれないだろう。

さらに，場合によってはこの２つの選択肢のどちらであっても，すでに触れた既存法令との不整合に対応する必要がある。イギリスにおいては，もともと会計基準自体が会計基準設定主体（現在ではFRC）により設定され，これを会社法・財政法においてGAAPに依拠するように定める形をとっている場合には会社法・財政法の改正で２つの基準を認めることができたが，フランスのように会計基準が省令レベルで設定される場合には，上位法令との整合性をとることが必要になる。このような問題に関しては，整合性をとるような立法措置がなされる必要がある。

また，上のような対応について，当然事前には予測されなかった問題が生じるであろう。このような問題にどのように対処するか，例えば判例法や慣習形成に委ねるのか，立法措置を講じるのか，会計基準や会計士の判断に委ねるのかといったような問題もある。

次に②に対する対応を検討したい。具体的にIFRSあるいはそれに影響を受けた自国GAAPと税務当局が考える適切な課税所得計算との間で摩擦が発生する場合には，対応としては（a）問題となる点のみ適用除外あるいは特例措置を追加する，（b）IFRSを全面的に受け入れる，の２つになるだろう。また，このうち（b）については課税主権との関係で，この選択肢を実際にとる国はないと予想され，実際にイギリス，フランス，ドイツのすべての国が（a）の選択肢をとっている。

ここで実際に問題となり得るのは，まずすでに述べた公正価値会計（および資産・負債アプローチ）との関係であり，未実現のものも含め資産の価額変動を収益・損失として認識することがそもそも税務当局にとってどの程度適切か，という問題である。すでに触れた，そのようなものが担税力ある収益あるいは税務上認めるべき損失であるかという問題のほかにも，具体的な

計算をどのように行うか(証憑によっていかに証明できるか),あるいは収益・損失の変動が課税対象としては大きすぎないかというような問題があり得る。

また,IFRSを導入することによって課税所得が変化する(特に減少する)場合にそれが認められるかどうか,という問題もある。すでに指摘した減価償却における耐用年数(IFRSであれば経済的耐用年数であるが,税務当局は必ずしもその利用を認めない)や,研究開発費の即時費用化といった問題がこれにあたる(第3章)。このような問題点については個別に対応を迫られることになろう。

また,この(a)の対応との関係で問題になるのは,IFRSあるいはそれに影響を受けた自国GAAPの収益・費用の認識と課税所得計算における損金・益金の認識との間にどこまで関連性をもたせるか,という点である。イギリス,フランス,ドイツのいずれの国においても,一般に公正妥当と認められた会計慣行が課税所得計算の根拠になることには問題がなく,また財務会計において費用と認めたものに関して課税所得計算上損金と認めないことがあり得る点についても問題はないだろうが,一方で「財務会計において費用としていないものを税務会計上損金と認めることがあり得るか」という点は問題として残る。ドイツは,逆基準性の原則を廃止することによりこのような処理を認めることになったが,果たして実際のところこのような処理が本当に認められるべきなのかどうかは必ずしも明らかではない[40]。ただし,IFRSの動向によっては,例えば従来の自国GAAPにおいて認められていた費用がIFRSあるいはそれに影響を受けた新しい自国GAAPでは認められなくなるという可能性もある。このような場合には,「IFRSが費用と認めないもので課税所得計算上損金とされる」ものを認める必要が出てくるだろう。

---

[40] 認められる例としては,産業促進のための税制優遇の場合などが考えられ,むしろ政策面からの要請になるだろう。

さて，以上を踏まえて，日本においてどのような処理が適切なのか，考えてみよう。まず，①の問題，すなわち課税所得計算に自国GAAP以外（具体的にはIFRS）を許容することについてであるが，日本において同様の対応を行う場合に，会計と税制の密接な関係性の観点から，イギリスのように2つの基準を並存させるという処理は適用しにくいように思われる。これまでのわが国における会計・税制の関連性の強さやそもそも自国外の会計基準設定主体が設定した基準を課税所得計算の基準として認めてよいのかという問題（国内の会計基準として取り込むことはまったく不可能ではないにせよ）[41]，さらには課税所得計算の基準が2つあるという状態を税務当局が認めるのかというような点を考えれば，フランス・ドイツのように，日本GAAPにIFRSを取り込んでいくこと，言い換えれば自国GAAPを維持したまま，IFRSとのコンバージェンスを図ることの方が適切であろう。この点に関してはどのような基準を自国に取り込むかという判断が必要になるが，少なくとも日本においては会計基準設定主体（企業会計基準委員会）が独自の会計基準を設定する能力を十分に備えていると考えられることから，このような判断を行うことに大きな問題はないだろう。また，一般に自国GAAPにどの程度独立性をもたせるか，すなわち，フランスのように実質的にはIFRSとかなり独立した形で自国GAAPを維持するか，それともIFRSに可能なかぎり近づけるか，という点も問題となるが，この点は実際にどの程度の基準を取り込むかといった問題とあわせて考えることになろう。

 また，既存法令との関係については日本でも注意する必要があるが，日本では法令は会計基準の内容に関して規制することなく，その内容を会計基準設定主体に委ねていることを考えれば（例えば財務諸表等規則1条3項），この点についてはそれほど重要度はそう高くないのかもしれない。とはいえ，

---

[41] 日本におけるIFRS導入時に会社法に起こり得る問題を弥永（2009d）がまとめている。また欧州における司法権の観点でも，IFRSにより国家の税務戦略に影響が及ぼされる状況が憲法上の問題を引き起こさないかという懸念が指摘されている（Freedman 2004, 72, 98）。

例えば商法・会社法やその他の法令との整合性についてはなお留意する必要はあろう。

　事前に解決できなかった問題については，裁判のような場で確定していく必要はあるだろうが，日本においてはむしろ企業会計基準委員会による会計基準，その適用指針の策定，および日本公認会計士協会による実務指針の策定といった対応の方が比較的早い段階で対応できるものと思われる。

　次に②の問題を考えてみたい。日本の対応そのものの方向性については，他国と同様に自国GAAPを課税所得計算の基礎として使いながら，問題となる点のみ適用除外あるいは特例措置を追加するということになる。問題は，具体的にどのような点について適用除外もしくは特例措置をとるかという点であるが，この点に関してはある程度税務当局の判断となる。ただし，他国でも問題となっている公正価値会計に関連する部分，例えば未実現損益の認識といった点については何らかの検討が必要となるだろう。また，減価償却における耐用年数や研究開発費の処理といった点も独自の対応をせまられる可能性のある部分である。

　もう1つ，日本において検討が必要となるのは損金経理要件の取扱いである。損金経理要件はドイツの逆基準性の原則と類似しており，この要件があることにより，税法上損金として認められるためには，財務会計上も費用として処理しておかなくてはならない。しかし，IFRSの影響により課税所得計算の基礎となる会計基準（おそらく日本のGAAP）が変化すれば，この結果として財務会計上費用とされていないものを課税所得計算において認める必要が出てくるかもしれない。この点は将来の課題であるが，損金経理要件をどこまで維持しなくてはいけないのか，という点は考えなくてはいけないだろう。

第6節　小括

　本章の目的は，会計の標準化と各国の固有の制度との間の不整合に注目し，特に財務会計と税務会計との間の不整合に焦点を当てて，この2つの間でどのような不整合が生じ得るか，それに対してどのような対応があり得るかについて，制度全体のレベルで検討することであった。これに対して本章では，イギリス，フランス，ドイツの3カ国の事例を検討し，そこから上述のような不整合を①一般に自国 GAAP 以外の会計基準を，課税所得計算の根拠として利用し得る会計基準として導入することによる不整合と②導入された IFRS（あるいはその影響を受けた自国 GAAP）と税務会計との不整合の2つに分けて，それぞれに対する各国の対応とその妥当性について検討し，この結果を踏まえて日本がいかに対応すべきかを考えてきた。

　本章の結論は，会計の標準化と各国の固有の制度との間の不整合について，これまでの固有性を一気に放棄してしまうようなアプローチや，逆に標準化をまったく受け付けないというアプローチは適切ではなく，標準化と固有性との間をいくつかの段階に分けながら調整していく必要がある，ということになる。財務会計と税務会計の関係でいえば，課税所得計算の基礎となる会計基準と IFRS の間の調整と，課税所得計算の基礎となる会計基準と課税所得計算そのものとの調整と対応の段階で切り分け，それぞれを動かしていくことにより，標準化と固有性との間をなんとか調和させることができるようになると思われる。

　会計基準の策定や改正の際には，会計を取り巻くサブシステムの歴史的・社会的結びつきを十分考慮しなければならない（斎藤 2011a, 2011b）。この点について，「国際化は自国の個性（local identity）をたえず構築しながら，海外とのネットワークを広げて連携を図る過程。片方だけは成り立たない」（斎藤 2012）という指摘のとおりであろう。企業活動の国際化のニーズにあわせ

て，制度の標準化の要請は今後ますます進むであろうが，その際に標準化と自国の個性のせめぎ合いは続いていくことになる。その際に，両極端に流れることなく，いわば地道にその両者の間を埋めていく作業が必要なのである。

IFRS が目的にしているのは，あくまで投資家に対する有用な投資意思決定の提供であり，2010 年 9 月に IASB 公表された概念フレームワークでも財務諸表の主要ユーザーが現在もしくは潜在的投資家，貸手，債権者に限られている[42]。すでに世界 100 カ国以上で利用されている国際基準である以上，ローカルなルールである税法に配慮した設計はかなり困難である。すでに述べたように資産・負債アプローチや公正価値会計は課税所得計算にとって必ずしも適切ではない場合もあろう。また，もともと国境をまたがる活動を行う企業を念頭に置いて設計された IFRS では各国の国内企業への配慮は不十分であり，中小向けには別制度を検討する必要性は大である。

ただし，IFRS の形成には各国が多大なコストを払って会計インフラを形成しているという現状も見過ごせない。その点では，財務会計と税務会計が乖離していくのではなく，財務会計をいわば理論的根拠として利用することで，税制の補完・精緻化が可能なのではないか。特に，IFRS 導入により，今まで会計基準が存在しなかった（absence）の分野で精緻化されたという指摘もある（Ding, et al. 2007）。この意味では，上記のような「間を埋めていく」プロセスは税務会計にとっても利益があるかもしれない。

いずれにせよ，速度はその都度緩急あろうが，今後国境を越えた企業活動が盛んになる方向性に進んでおり，今後も制度の枠組みとしての標準化活動は続くことになろう。この際には国際化を単一の制度化と捉えることはできず，制度の標準化の裏には，地域制度との整合化（ローカライゼイション）が不可欠であり，固有制度との整合化プロセスを繰り返しながらその都度調和点を探ることになろう。すでに IFRS 導入において先行している欧州各国

---

[42] International Accounting Standards Board, Comceputual Framework for Financial Reporting 2010, September 2010, OB2, BC1.9-1.13.

の対応を見ることにより，この整合化過程が見られ，またわが国における今後に対しての貴重な先例となると考えられる。

参考文献

Barbe, O., L. Didelot and A. Ashta (2011) From Disconnected to Integrated tax and financial systems, A post-IFRS evaluation of evolution of Tax and Financial Reporting relationships based on the French case, working paper available at (http://papers.ssrn.com/).
Autorité des normes comptables (ANC) (2010) Plan stratégique 2010-2011 de l'ANC (http://www.anc.gouv.fr/).
Autorité des normes comptables (ANC) (2011) Missions et Organisation (http://www.anc.gouv.fr/).
BDI - Bundesverband der Deutschen Industrie, Ernst & Young (2010) *Bilanzrechtsmodernisierungsgesetz, Überblick zu den wesentlichen Änderungen*, BDI-Drucksache Nr. 447.
Benston, G. J., ed., M. Bromwich, R. E. Litan and A. Wagenhofer (2006) *Worldwide Financial Reporting: The Development And Future of Accounting Standards*, Oxford University Press（川村義則・石井明監訳（2009）『グローバル財務報告：その真実と未来への警鐘』中央経済社）.
Burlaud, A. and B. Colasse (2011) International Accounting Standardisation: Is Politics Back?, *Accounting in Europe* 8 (1)：23-47.
Colasse, B. (2009) IFRS：Efficience versus Instabilité, *Revue francais de comptabilité* 426：43-46.
Conseil National de la Comptabilité (2005a) IAS/Fiscalité Rapport d' étape présenté l'assemblée pléniére du 24 mars 2005.
Conseil National de la Comptabilité (2005b) Rapport D'Etape du Groupe IAS/Droit, L'Assemblée pléniére du Conseil national de la comptabilité du 20 octobre 2005.
Ding, Y., O. K. Hope, T. Jeanjean and H. Stolowy (2007) Differences between domestic accounting standards and IAS: Measurement, determinants and implications, *Journal of Accounting and Public Policy* 26：1-38.
Essers, P., ed. (2009) *The Influence of IAS/IFRS on the CCCTB, Tax Accounting, Disclosure and Corporate Law Accounting Concepts: 'A Clash of Cultures'*, Kluwer Law International B.V. The Netherlands.
Ernst & Young (2008) Bilanzrechtsmodernisierungsgesetz, Überblick zu den wesentlichen Änderungen, Regierungsentwurf vom 21. Mai 2008.
Ernst & Young (2011) UK GAAP vs. IFRS, The basics, Spring 2011, available at EY.com.

Ernst & Young (2010) Searching for clarity in uncertain tax positions-Insights for entities using or converting to IFRS-, available at EY.com.

Evraert S. and J.-F. des Robert (2007) French Accounting Revolution : Implementing IFRS in French Companies, *Globalisation of Accounting Standards*, J.M.Godfrey and K.Chalmers, ed., 130-143.

Freedman, J. (2004) Aligning Taxable Profits and Accounting Profits: Accounting standards, legislators and judges, *eJournal of Tax Research* 2 (1).

Freedman, J. and G. Macdonald (2008) The Tax Base for CCCTB: The Role of Principles, Oxford University Centre for Business Taxation, working paper.

Godfrey, J. M. and K. Chalmers, eds. (2007) *Globalisation of Accounting Standards*, Edward Elgar Publishing (古賀智敏監修 (2009)『会計基準のグローバリゼーション』同文舘出版).

Hanlon, M. and E. L. Maydew (2008) Book-Tax Conformity: Implications for Multinational Firms, Taxation of Multinational Firms, Ludwig Maximilians University's Center for Economic Studies and the Ifo Institute for Economic Research.

HM Revenue & Customs (2006) Accounting Standards - the UK tax implications, available at (http://www.hmrc.gov.uk/accounting-standards/index.htm) last updated on 24 July (2013年1月閲覧).

HM Revenue & Customs, Commissioner's Advisory Accountant (2010) Policy Proposal: The future of UK GAAP.

Inokuma, H. and T. Shimizu (2012) Auditor's Judgment Under Principles-based Accounting Standards –Evidence from France and UK, *Proceedings of 24th Asian-Pacific Conference*.

James, S. (2002) The relationship between accounting and taxation, Working paper, University of Exeter, A revised version of this paper appeared as The Relationship Between Accounting Principles and Taxation: A UK Perspective, *Asia-Pacific Journal of Taxation* 6 (3) : 84-97.

KPMG (2011) *Guide to CCCTB*, 2011 KPMG International Cooperative, available at KPMG.com.

Lamb, M. (1996) The relationship between accounting and taxation: The United Kingdom, *European Accounting Review* 5 (sup.1) : 933-949.

Lepetit, J-F. (2007) Proposition de réforme du dispositif français de normalisation comptable.

Macdonald, G. (2002) *The Taxation of Business Income: Aligning Taxable Income with Accounting Income*, TLRC Discussion Paper No.2, Institute for Fiscal Studies, London.

Most, K. S. (1994) Toward the International Harmonization of Accounting, *Advances in International Accounting* 6 : 3-14.

Nobes, C. (2003) *A Conceptual Framework for the Taxable Income of Businesses*,

and How to Apply it under the IFRS, ACCA, London.
Nobes, C. and R.Parker(2010)*Comparative International Accounting 11th edition*, Prentice Hall.
Valderrama, I. J. M.(2008)The CCCTB Compatible with National GAAP? What's Next?, *INTERTAX* 36 (Issue8/9):359-370.
Villemot, D.(2005)Comptabilité et Fiscalité: Convergence ou Divergence?, *Petites Affiches* N 179.
大野雅人(2012)「CCCTBに関する2011年3月欧州委員会提案の概要と展望:ALPの海に浮かぶフォーミュラの貝殻」『筑波ロー・ジャーナル』11:43-86.
小津稚加子(2006)「EU域内資本市場の形成と会計基準のコンバージェンス」『国際会計研究学会年報2006年度』:25-36.
小津稚加子(2014)「フランスの新しい会計基準設定機関(ANC)の設立の経緯:戦後から現代に至る制度的・組織的変容」『経済学研究』(九州大学経済学会),81(2/3):1-10.
加賀谷哲之(2012)「IFRS導入が日本企業に与える経済的影響」『国際会計研究学会年報』臨時増刊号:4-22.
久保田秀樹(2014)『ドイツ商法現代化と税務会計』森山書店.
金子宏(2012)『租税法(第17版)』弘文堂.
企業会計審議会総会・企画調整部会合同会議(2012)「IFRSに関する欧州調査出張(フランス・ドイツ・EFRAG)調査報告書」(2月17日配布資料)金融庁.
ケンプ,ディーター(2000)「国際会計基準(IAS)のドイツ国内会計制度における影響」『TKC会報』8月号.
古賀智敏・五十嵐則夫(1999)『会計基準のグローバル化戦略』森山書店.
斎藤静樹(2010)『会計基準の研究(増補版)』中央経済社.
斎藤静樹(2011a)「会計基準作りの基準と会計研究」『会計』179(1):1-13.
斎藤静樹(2011b)「会計基準開発の基本思考とコンバージェンスのあり方」『金融研究』30(3):1-17.
斎藤静樹(2012)「岐路に立つコンバージェンスと会計基準の検討課題」(東北大学会計大学院主催講演会資料)6月29日開催.
坂本雅士(2009)「会計基準の国際的統合化と確定決算主義」『租税研究』718:92-103.
佐藤誠二編著(2007)『EU・ドイツの会計制度改革—IAS/IFRSの承認と監視のメカニズム—』森山書店.
財務会計基準機構(2008)調査報告「企業会計と税法等の調整に関する現状分析と課題」.
潮崎智美(2009)「ドイツ会計制度改革の本質的特徴—IFRS導入との関連において—」『国際会計研究学会年報2008年度』:35-47.
品川芳宣(2003)「確定決算基準の危機と今後の方向性」『税務弘報』7月号:6-12.
島田眞一(2009)「会計基準の国際的統一化と会社法・税法との関係」『租税研究』715:161-172.

新日本監査法人（2011）「ドイツ商法改正と主要EU加盟国におけるIFRS運用」『情報センサー』59：18-19.
スズキ・トモ（2012）オックスフォード・レポート「日本の経済社会に対するIFRSの影響に関する調査研究（The Impact of IFRS on Wider Stakeholders of Socio-Economy in Japan）」3月30日.
税理士法人トーマツ編（2008）『欧州主要国の税法（第2版）』中央経済社.
武田昌輔（1993）『会計・商法と課税所得』森山書店.
田中弘（1999）「確定決算主義における六つの弊害―努力する企業が報われる税制へ―」『税経通信』12月号：33-39.
中小企業庁（2010）「諸外国における会計制度の概要」中小企業の会計に関する研究会事務局，参考資料1：1-38.
丁嵐（2011）「中国会計制度の変遷を踏えたIAS/IFRSとの調和化の考察」『アドミニストレーション大学院紀要』（熊本県立大学），8：73-112.
徳賀芳弘（2006）「EUの国際会計戦略：インターナショナルアカウンティングへの再挑戦と「同等性評価」問題」『国際会計研究学会年報2005年度』：45-54.
永田守男（2009）「IFRS導入による法人税を巡る諸問題」『會計』175（6）：98-110.
日本公認会計士協会（2010）租税調査会研究報告第20号「会計基準のコンバージェンスと確定決算主義」.
日本租税研究協会（2011）税務会計研究会報告書「企業会計基準のコンバージェンスと会社法・法人税法の対応」.
藤田晶子（2009）「会計基準のコンバージェンス」『研究所年報』（明治学院大学産業経済研究所），26：27-37.
藤田晶子（2010）「IFRS導入とフランス：会計基準の国際的コンバージェンスと国内的ダイバーシティ」『国際会計研究学会年報2010年度』：25-32.
古田美保（2011）「課税ベース計算要素としての研究開発費」『税研』160：52-57.
増井良啓（2011）「法人税制の国際的調和に関する覚書」『税研』160：30-37.
真鍋明裕（2011）「ドイツにおける商法会計と税法会計の分離可能性」『国際経営フォーラム』（神奈川大学），22：121-137.
三菱総合研究所（2007）「研究開発促進税制の企業ニーズ及び利用状況に係る調査」経済産業省委託調査，3月.
三菱総合研究所（2008）「研究開発に係る会計・税務処理の在り方に関する基礎調査報告書」経済産業省委託調査，産業技術調査事業，3月.
森直子（2009）「国際標準化の問題とアジアへの展望」NIRAモノグラフシリーズ.
弥永真生（2008）「コンバージェンスと受容：金融商品取引法・会社法の観点から（特集 会計基準国際化と日本の対応）」『企業会計』60（4）：556-564.
弥永真生（2009a）「商事法における会計基準の受容（3）ドイツ（1）」『筑波ロー・ジャーナル』5：193-219.
弥永真生（2009b）「商事法における会計基準の受容（4） ドイツ（2）」『筑波法政』46：107-128.
弥永真生（2009c）「商事法における会計基準の受容（6）カナダ／イギリス」『筑波法政』

47：27-41.
弥永真生（2009d）「IFRS と会社法（特集 IFRS への対応と課題：日本版ロードマップ案公表に寄せて）」『企業会計』61（5）：693-699.
弥永真生（2009e）「会社法・会計基準・法人税法」『租税研究』716：103-119.
弥永真生（2010a）「商事法における会計基準の受容（7）イギリス（2）」『筑波ロー・ジャーナル』7：51-78.
弥永真生（2010b）「商事法における会計基準の受容（9）フランス」『筑波法政』49：23-43.
弥永真生（2013）『会計基準と法』中央経済社.
柳裕治（2008）「ドイツ税法会計制度の変遷と展望：IAS/IFRS 適用と基準性の原則」『会計学研究』（専修大学会計学研究所），34：75-87.
吉村典久（2011）「法人税制の国際的調和・税率構造」『税研』160：38-45.

第 3 章

会計の国際標準化による不整合と調和：
主にフランスにおける適用を例として

第1節 問題の所在

　前章では，会計の国際化と各国の固有の制度についての整合性プロセスについて，主として税制を対象に制度全体のレベルについて，イギリス・フランス・ドイツを取り上げて検討を行った。そこでは，各国の調和化においてこれまでの固有性を一気に放棄してしまうようなアプローチや，逆に標準化をまったく受け付けないというアプローチは適切ではなく，標準化と固有性との間をいくつかの段階に分けながら調整していく必要があることを指摘した。

　それでは，IFRSを実際に導入する際に，個別の会計基準のレベルではどのような問題が生じ，その間をどのような形で調整していけばよいのだろうか。制度全体では段階に分けながら調整していくとしても，実際のところIFRSの導入は具体的な会計基準のレベルでいかなる不整合性をもたらすのだろうか。また，個別会計基準レベルではどのような対応がなされており，また対応にはいかなる問題が生じるのだろうか。

　本章ではこのような問題意識について，特にフランスに着目して分析を行っていく。ここでフランスに注目するのは，すでに前章で見たように，フランスにおいては税務会計と財務会計がリンクしていること，また一方で自国の会計基準であるPCGや自国の租税に関する基準を明確に維持しようとしつつ，他方で国際化の進展やあるいはEU加盟国間の足並みをそろえるために，IFRSのような国際標準化に対応しようとしている点で，標準化による不整合性の発生とこれに対する調和化の事例として示唆に富むと考えられるためである。

　すでに述べたとおり，IFRSによる財務会計の標準化は進展している一方で，税務会計は原則として各国に任せられており，グローバル規模での国際的な調和というような動きは見られない。いうまでもなく，税制は各国政府

にとって重要な機能であり，そのあり方は各国の主権にかかわる問題とすらいえる。このような状況を考えれば，税制そのものを標準化するというような動きが見られないのはむしろ当然といえよう。

しかし，そのことは，例えばIFRSの拡大に伴って，IFRSに示された考え方が税務会計に影響を与えないことを意味するわけではない。IFRSに基づく会計処理が入っていくれば，とりわけ税務会計と財務会計がリンクしているような国々においては，税務のレベルで何らかの対応が必要になる。本章では，IFRSとフランスの税務会計との間にどのような不整合が生じ，これに対していかなる対応がなされたのか，そしてまた対応にはいかなる問題があるのかを会計基準のレベルで見ていくことで，標準化に伴う不整合性の発生と調和化のプロセスについて考えていくことにしたい。

本章は以下のように構成される。第2節では，ヨーロッパ諸国におけるコンバージェンスの動きについて一般的に整理した上で，特にフランスの事例に注目して，コンバージェンスにより財務会計がどのような問題が生じたか，政府が対応した場合にはどのように対応したかを述べる。第3節では，第2節の内容を整理した上で，財務会計のコンバージェンスにより税務会計との間に生じる不整合への対応について検討し，日本はどのような対応を取り得るかについて考察する。第4節は本章の小括を行う。

第2節 ヨーロッパにおける標準化と税務への影響―フランスの事例―

1. フランスにおけるIFRS導入への対応

すでに述べたとおり，欧州においては2005年より，すべてのEU・EEA加盟国の上場企業がその連結財務諸表をIFRSに従って作成することが義務づ

けられた。上場企業の個別財務諸表および非上場企業の連結・個別財務諸表については各国にゆだねられ，実際に各国でかなり異なる方針をとったが，フランスは個別財務諸表については IFRS 適用を認めず，自国の会計基準である PCG によるものとしている。ただし，非上場企業（あるいは国内の小さい市場に上場している企業）の連結財務諸表については原則としてフランス連結会計基準によるが，IFRS によることも容認している（財務会計基準機構 2008）。

なお，すでに述べたとおり，IFRS が上場企業の連結財務諸表に導入されても，自国基準で作成された個別財務諸表が課税目的で利用されるのであれば，ただちに税務会計に影響を及ぼすことにはならない。ただし，IFRS の導入に伴い実際には，個別基準である PCG についても IFRS との調和をとるという動きが生じており，このために IFRS と税務会計との間にいかなる問題が生じ，これに対する対応を検討する必要が生じてきたわけである。

それでは，具体的に個別会計基準ごとに生じる問題と対応，そして課題を見ていくことにしたい。

2. 個別会計基準上の問題

(1) 固定資産の減価償却

税務上大きな問題となり得る点としてまずあげられるものの1つが固定資産の減価償却である。先に述べたとおり，税務上の損金として算入され得るためには，財務会計上費用として認識され処理されていなければならない。

IFRS においては，固定資産の減価償却はカテゴリカルに定めるのではなく，資産の経済的便益を測定して費用計上する必要がある（IAS 16 paras.60,61）。ところが，従来フランスにおいては固定資産の償却期間・償却額はカテゴリカルに定められ，かつその償却期間等に関しては税法上定められた期間を逆に利用して計算していた。さらに，実際の経済的耐用年数が税

法上定められた期間に対してプラスマイナス20%の範囲にある場合には，その経済的耐用年数を会計上および税務上使用できる等の裁量も認められていた（Katiya, et al. 2007, 15）。このような処理は，複雑な減価償却の処理について税務上の処理と財務会計上の処理を一致させることにより企業側の負担を軽減し，また後者のような裁量は企業租税負担を軽減するという意義を有していた。

例として，プラントの会計処理をあげることができよう。プラントなどの設備は長期間利用されることが予定されており，IFRS上はIAS16に則り，経済的耐用年数として通常であれば20年くらいの期間で償却されることになる。一方，フランス税法上はより短い期間での償却を容認してきた。この場合にIFRSを適用してしまうと企業側にとっては適用する償却期間が長くなり，税務的にはデメリットを生じることがある。

上記の問題はあるものの，結果的にCNCはIFRSの導入にあわせて会計基準（PCG）を変更した[1]。これにより，固定資産の減価償却に関する連結財務諸表と個別財務諸表の処理は一致することになったが，一方で財務上のメリットが失われるという事態が発生した。これに対応するために，フランス税務当局はプラント等についてはPCGの適用に対する例外という形でPCGにおける償却期間と税務上の償却期間とを切り離し処理することになったが，これらの処理がすべての固定資産について行われたわけではなく，税務メリットが失われた場合もしばしば存在する。また，当該処理は，税務会計と財務会計との矛盾を拡大し，article 38 quater de l'annexe 3 に定められた財務会計と税務会計との一致という原則を有名無実化させるおそれがある。同様の問題は償却期間だけでなく，廃棄コストのようなもの（IFRSにおいて

---

[1] Règlement CRC n° 2002-10 du 12 décembre 2002 relatif à l'amortissement et à la dépréciation des actifs ; Règlement CRC n° 2003-07 du 12 décembre 2003 modifiant l'article 15 du règlement n° 2002-10 du CRC relatif à l'amortissement et la dépréciation des actifs（減損と減価償却の取扱い）．

は資産額に算入，税務上は不算入）についても発生した。このために，フランスでは article 38 quater de l'annexe 3 の根本原則を廃止し，IFRS が適用される財務会計と税務会計とのリンクを切断すればよい，という意見すら出されることになった。

(2) 資産化された研究開発費

IFRS 導入により，税務上大きな問題が発生する可能性のもう1つのケースとして，研究開発費に関する取扱いがある。

IFRS の無形資産の規定である IAS38 においては，一定の要件を満たした開発費は資産化され，適切な長さの期間に配分して償却することが求められる。これに対して従来 PCG における研究開発費は即時費用化されていたが，IFRS 導入にあわせて PCG も改正され，IAS38 で採用している研究開発費の定義を PCG に取り込んで定義をあわせ，それに伴い一定の条件を満たした開発費は原則として資産化されることとなった[2]。ただし，IFRS と異なる点としては，IFRS では強制規定である上記の開発費について PCG では即時費用化と資産化の両方の処理が認められており，企業は選択することができる。また，上記で選択した開発費以外の開発費および研究費については従来どおり即時費用化となる。

このようなオプションが与えられたのは，資産化により税務上デメリットが発生する企業側から要請があったためである。これまで述べてきたような財務会計と税務会計とのリンクを前提とすれば，財務会計上即時費用化が認められなくなることは当期の損金の減少を招き，税務上のデメリットが生じる。また，政府の立場からしても，このような税務上デメリットが発生することにより研究開発の育成に対してマイナスの効果が生じるのは好ましくない。この

---

[2] Règlement CRC n° 2002-10 du 12 décembre 2002 relatif à l'amortissement et à la dépréciation des actifs; Règlement CRC n° 2003-07 du 12 décembre 2003 modifiant l'article 15 du règlement n° 2002-10 du CRC relatif à l'amortissement et la dépréciation des actifs.

ようなことから，資産化と即時費用化の選択が認められたわけである。

　加えて，資産化の影響が生じた事項として，研究開発費に係る税額控除の取扱いがあった。フランスでは研究開発の促進のために，研究開発費の一定割合について税額控除を認めているが，資産化された開発費相当分について費用化が繰り延べられてしまうと，これに伴い税額控除も繰り延べられることになってしまい，企業側には大きなデメリットとなる。この点を改善するために，資産化された開発費については，会計上の処理にかかわらずその支出期の税額控除の対象になるような制度を定めている。

(3) 資産の定義―リース会計

　以上の2つはIFRSの導入による影響が発生し，これに対して（部分的ではあれ）対応がなされたケースであるが，これに対して以下で述べるのはIFRSの導入がPCGに十分に反映されていないケースである。

　従来のPCGにおいて，資産とは「主体（l'entité）にとって正の経済価値をもつ財産のすべての要素は資産項目とみなされる」（旧PCG211-1）とあるように「財産」，すなわち法的な財産権（典型的には所有権）の客体であるものとされていた（大下 2004, 64）。そして，このような財産に対する（法的な）財産権の所在によって（会計上の）資産の保有者が定められていた。これに対してIFRSにおける資産の定義では，法的な財産権というより経済的便益によって資産かどうか，あるいはその経済的実質を誰が得ているか，という点が重視されており，必ずしも法的な財産権を重視していない。

　このように資産に関する異なったアプローチを採用しているIFRSが導入されたことにより，上記のPCGの規定もIFRSに合わせる形で改正された[3]。具体的には，PCGの新しい規定の下で資産（actif）として識別されるには，

---

[3] http://www.focuspcg.com/menu_gauche/grandes_reformes/actifs/definition_et_principes, 2014年7月閲覧。

以下の3要件を満たす必要がある[4]。
- 財産として識別可能であること（être un élément identifiable du patrimoine）
- 当該物に対する支配を有すること（être contrôlé par l'entité）
- 将来の経済的便益を享受できること（procurer des avantages économiques futurs）

　ここでは「所有」という言葉の代わりに「支配（contrôlé）」という言葉が使われており，法的な所有権の所在よりも実質的に支配しているかどうかを基準としている。ただし，一方で「財産として識別可能」という形で「財産（partrimoine）」の用語は残しており，完全にIFRSに合わせる形にはなっていない。

　また，実際に資産かどうかが大きな問題となるケース，例えばリースのようなものに関して必ずしもIFRSにあわせてPCGが変更されているわけではない。従来フランスにおいてはリースは原則として賃貸借として会計処理されており，税務上も賃貸借として処理されている（リース事業協会 2005, 13；森信ほか 2006, 15-16）。リース会計に関するIFRSの基準としてはIAS17があり，これは一定の場合にリース契約の資産計上を要求しているが，IAS17はPCGには反映されていない。

　また，会計基準における定義が基準の導入により変化しても，法令における定義は変わらず，この点においても齟齬が生じる可能性がある（第2章参照）。商法典（Code de commerce）233-21条「連結計算書類は正規かつ真実でなければならず，かつ，連結に含まれる企業により構成される全体の財産，財務状況および成果の誠実な概観を提供しなければならない（大下 2004, 64）」として，計算書類が「財産（patrimoine）」，「財務状況（situation financière）」「成果（résultat）」についての「誠実な概観（image fidèle）」を

---

[4] Règlement CRC n° 2004-06 du 23 novembre 2004 relatif à la définition, la comptabilisation et l'évaluation des actifs.

提供することを定めている。以上のように，IFRSにおける資産の定義はPCGに取り入れられたものの，具体的な問題や他の法令との関係については十分に整備されておらず，検討を要する事項である。

3. 対応上の問題

(1) 対応コスト―とりわけ中小企業について―

以上の問題は，財務会計と税務会計がリンクしている状況において，IFRSの導入に伴う財務会計基準の変更が税務会計との間で矛盾を引き起こすという問題であり，いわばルール適用上の問題であった。しかし，このような状況における財務会計基準の変更は，このようなルール上の問題以外にも実務的な対応のレベルでさまざまな問題を生じさせる。

最初にあげられる問題は，財務会計と税務会計との間の乖離が拡大することによる対応コストの増大である。先にも触れたとおり，この2つが原則として一致している状況では2つ別々の帳簿を作成する必要はないが，この2つが乖離してくると2つの別々な帳簿が必要になってくる。実際，欧州においては二重帳簿ならぬ四重帳簿が作成されているという指摘がある。ここでいう，「四重帳簿」とは，個別財務諸表用，連結財務諸表用，税務申告用，他の海外市場用（米国基準）の4つである。もっとも，企業自身が税務上のメリットを得るために税務申告用の帳簿を別に作成するのであればそれはそれで企業自身の問題であり，それを禁止する必要はないという見解がドイツの基準性原則との関係で指摘されることもある（弥永 2006, 5；中里 1983, 1338)。

また，財務会計と税務会計の乖離という視点とは少し異なるが，個別財務諸表のレベルにまでIFRSを導入することは連結決算をしていない多くの中小企業にまでIFRS導入に対応するためのコストを負担させることになり，国全体で見れば膨大な負担になる可能性がある。もともと，連結決算を行って

いる会社は非常に少なく，ほとんどの会社は単独決算のみである。また，IFRSは業績を国際的に比較する必要があるような大企業を主にイメージして作られており，もともと中小企業の会計処理には必ずしも適合的でない面がある。IFRS導入の際の対応コストとして，上記に述べた内容だけでもどれだけのインパクトを及ぼす可能性があるかについては，十分な検討が必要である。

(2) IFRS採用による課税所得へ与えるインパクト

もう1つの問題は，IFRS採用により会計上の利益額が従来から変化することに伴う，課税所得（そして企業の租税負担）へ与えるインパクトである。仮にIFRS採用により純利益の増加の要素が多くなるのであれば，税務当局からすれば，IFRSの導入により課税所得が増えるというメリットがあることになる。この点については，すでにIFRS導入により，企業の純利益に与えた影響について調査・研究が公表されている。影響がすぐに課税所得へのインパクトを与えるとは限らないが興味深い。

IFRSは資産・負債アプローチをその中心においているため，IFRSの適用にあたっては資産の再評価が行われ，これに伴い資産額がしばしば上昇する。また，のれんは非償却資産とされているなど，利益を押し上げる要因がいくつか組み込まれている。このため，PCGがIFRSに近づいていくことにより，利益額が上昇する可能性がある。実際，フランス銀行によるフランス上場企業に対するIFRS適用の影響についての調査結果を見ると，IFRS適用の影響で，資本の状況には大きな変化はないにもかかわらず，企業の純利益が大幅に増加したこと，その主な原因はのれんの非償却であったことが分かる（Marchal, et al. 2007；ガルシア 2008）。ここでは，IFRSの一般的な影響として，資産の再評価に伴う資産額の増加，特に開発費の資産計上や資産の再評価の増加が見られたことが判明している。

また中国財政部（2007）では，中国上場企業1,570社を対象にIFRSを元に

した新会計基準の財務情報の分析を行い，IFRS適用後の純利益・純資産が増加していたという結果を示している。

第3節　国際標準化における国内の対応

1. フランスにおける対応

　以上を整理すると，まず固定資産の減価償却に関してはIFRSに対応してPCGが改正され，これに対してプラントについては税務会計で独自の基準を作って対応したが，すべて手当されているわけではない。研究開発費の資産化については，IFRSに対応してPCGを改正するものの，PCGに従来の基準も残して企業に選択権を与え，さらに税務でも独自ルールを作って対応した。一方，資産の認識に関してはPCGがIFRSに一部対応したものの，完全な対応はとれておらず，また税務会計や他の法令も未整備ということになる。

　ここからまず明らかになることは，まずフランスにおいては，財務会計と税務会計との間のリンクを切り離す，という形での根本的な解決策は提案されることはあっても実際にはとられていない，ということである。実際に，もし財務会計と税務会計を切り離すとなれば，それぞれに基本的な概念の定義を行う必要がある。また，現段階において財務会計・税務会計で定義が定められていないものに関しては民法の規定に従っているが，もし財務会計と税務会計と切り離すとなればそれぞれと民法との関係を定めなくてはならない。このような解決策は現実的ではなく，やはり財務会計と税務会計の間のリンクは基本的には維持されざるを得ないということになる。

　また，逆にIFRSを個別財務諸表に至るまで適用する，という方向も必ずしも見られない。これはすでに前章で指摘した点だが，確かに，個別財務諸表の会計基準であるPCGをIFRSに近づけようとする努力はさまざまな方面

で見られている。実際、フランス国内でも、折角の巨額を費やして構築されたIFRSという会計インフラを活用しない手はないという意見もある[5]。1例として、フランスではPCGや税務における取扱規定に比べて、IFRSの方が内容が充実しているという項目がある。例えば、フランスにおいては従来、無形資産の定義が存在せず、欧州連合の判例で資産認識するための条件が定義されていたのみである[6]。しかし、IFRSを導入することで、無形資産についての定義が明文化することができた。また、金融取引関係においてもPCGよりIFRSの方が整備された規定をもっている側面もある。しかし、IFRSのコンセプトはすでに確立しているものであり、しかも大企業・連結をターゲットとして作られたものであるから、これを拡大していくとなると税務会計との間で矛盾を引き起こしかねない。

結局、フランスで見られたのは、それぞれの論点について、固有の問題状況を考えた上で、ある点については財務会計と税務会計のリンクを外して税務会計の独自の基準を作って対応し、ある点についてはIFRSを個別財務諸表の会計基準にそのまま反映させるのではなく、カーブ・アウトしたり、あるいは選択条項を設けることであった。前章では、全体の方向性として各国の財務会計の基準、そして税務の基準というように段階的に対応するということを述べたが、まさにフランスでは論点ごとに分けて、その論点ごとにふさわしいと思われる形で段階的に対応しているわけである。

それでは、このようなフランスの対応を踏まえて、日本ではいかなる対応が可能なのか、という点を最後に考えてみたい。

---

[5] 三菱総合研究所（2007, 417-418, 421）。加えて、筆者が実施したIASと税法検討委員会（un groupe IAS/fiscalité）の委員、R&D費用の処理に関する実務の専門家）に2007年4月に実施したインタビューに基づく。

[6] CRC (2005a) Annexe 1; Tableaux récapitulatifs des mesures fiscales, 1B-PROJET DE REGLEMENT SUR LA DEFINITION ET L'EVALUATION DES ACTIFS (AVIS N° 2004-15).

2．日本の対応の方向性

以下では，あり得る4つの対応の方向性，すなわち①財務会計と税務会計のリンクを切断すること（申告分離主義の採用），②リンクを維持したまま，IFRSを個別，連結ともに完全に導入すること（完全IFRS化），③リンクは原則として維持し，またIFRSを個別，連結ともに導入していくが，一方で税務に関しては独自の規準を増やしていくこと（税務会計の相対的独立化），④リンクは維持する一方で，連結財務諸表と単独財務諸表のそれぞれの会計基準を分離し，連結はIFRSに，単独財務諸表には国内GAAPを残すこと（連単分離）のそれぞれについて検討していく。

(1) リンクの切断—申告分離方式の採用—

今後，会計と税制が乖離していくのであれば，税制のあり方を根本から見直し，例えば米国のように，申告分離方式を採用するのも1つの選択肢である。フランスにおいてもこのような意見は見られており，また日本においても，大きな会計上の改正が実施されるたびに，確定決算主義や損金経理要件の存続の是非について議論がなされている。

しかし，フランスと同様に日本においてもこのような方向性に実際に動いていくような状況にはない。その理由として，フランスのような定義の問題は特に議論されていないように見えるが，そのような根本的な制度改革を行うためにはさまざまな法整備を行わなくてはならず，現実的ではないという見方は共通しているように思われる。

さらに，申告分離方式は二重に帳簿を維持するという多大なコストを企業に要求するのみならず，会計上は利益を計上しながら，税務上は利益を圧縮することが可能になる。さらに，このような税務上の利益圧縮のためにタックスシェルターと呼ばれるさまざまな技法が開発・利用されるが，このよう

なタックスシェルターに対応するため税制が複雑化し,コンプライアンス・コストが増大する。また,先に指摘したように申告分離方式を採用していたとしても完全に両者を分離できるわけではない。

実際,イギリスなどはこの2つは理論的には分離をしているものの,実際には会計基準を基礎として租税計算を行っているわけである。

以上のようなことを考えると,財務会計と税務会計とのリンクを切断し,申告分離方式を採用するという方向は現実的なものとは思われない。実際,多くの欧州では財務会計と税務会計との間にリンクをもたせているが,これらの国々においてIFRS導入に伴い申告分離方式にシフトした,という事例は確認できていない。

(2) 完全 IFRS 化

それでは,逆に連結・個別ともに完全にIFRSを適用するという方法はどうだろうか。先に述べたように,大企業・連結を基本的にターゲットとしているIFRSのコンセプトを一方的に受け入れることは税務会計との間に強い矛盾を引き起こしかねない。

これに対しては後述する(3)で述べるように税務独自の基準を作って対応する方法と,そのような対応をとらない,という2つの選択肢がある。前者については(3)で述べるが,もし税制の方で対応しないということになれば,今度は政府の側での税制に関する政策的裁量の余地が著しく狭まる,という大きな問題が生じる。例えば研究開発費の資産化のところで見たように,政府が研究開発を促進するために研究開発費の即時費用化を認めたいと考えたとしても,IFRSでそのような処理が認められないため,IFRSを個別にも適用してかつ税務独自の基準を作らないのであれば即時費用化はできないことになる。このような状況は極論すれば政府の課税自主権の放棄であり,このような状況を政府が認めるとは考えられない。また,前章で見たように,実際にそのような対応をとっている国は主要国では見られない。

また，この完全IFRS化のアプローチでは税務会計は財務会計に完全に従うことを想定しているので二重の帳簿というような問題は発生しないが，とりわけIFRSを個別財務諸表のレベルまで導入することは特に中小企業に多大なコストを発生させることにも注意しておきたい。

(3) 税務会計の相対的独立化

　それでは，財務会計と税務会計のリンクは原則として維持し，またIFRSを個別，連結ともに導入していくが，一方で税務に関しては独自の規準を作ることによって政策的裁量の余地を確保するというのはどうだろうか。このような手段はフランスにおけるプラントの減価償却あるいは研究開発費の即時費用化において見られた方法であり，現実的にあり得る方法の1つであろう。ただし，税務会計独自の基準が増えていくということは，言い換えれば財務会計と税務会計のリンクが弱まっていくということでもある。このような状況においては，先に申告分離方式について指摘した欠点，すなわち二重の帳簿を維持するコスト，財務会計と税務会計でそれぞれ自分にとって有利なものを利用しようとすることによる租税回避的行動などが見られるようになり，政府にとってのモニタリングコストも上がることになる。また税務会計と財務会計の基本的なリンクをどの程度維持できるかが問題となろう。加えて，(2) で指摘したような，IFRS適用を個別財務諸表のレベルにまで拡大していくことによる，特に中小企業の対応コストという問題も考えておかなくてはならない。

(4) IFRSと国内GAAPの並存―連単分離―

　最後の方法は，連結財務諸表と単独財務諸表を分離し，連結財務諸表はIFRSにより作成するが，単独財務諸表は国内GAAPを適用し，課税所得計算はこの単独決算にリンクするという方法である。この方法もやはりフランスにおいて研究開発費の資産化にかかわる会計処理で用いられている。

このような方法を利用することにより，財務会計と税務会計のリンクの切断というような抜本的な変革をすることもなく，また上で述べたような個別財務諸表レベルにまでIFRSを導入することによる対応コストを負担することもなく，国際的な業績の比較可能性が必要な企業について必要な情報を提供することができる。

　しかし，この方法にもいくつかの問題が発生する。まず，大企業にとって見れば連結財務諸表と個別財務諸表の二重の帳簿が必要になる。もし，個別財務諸表の会計基準と税務会計の基準との間にズレがあるのであれば，連結用，個別用，税務用の三重帳簿（場合によってはさらに米国基準を加えた四重帳簿）を作成する必要が出てくる。また，IFRSが普及してくれば，個別財務諸表にもIFRSを採用しようとする動きはますます強まるであろう。フランスがPCGをIFRSに近づけようとしているのもこのような問題を考慮しているからであり，また実際にEU/EEA加盟国においても先に述べたように上場企業の個別財務諸表にIFRSの適用を強制もしくは認容する国は多い。また非上場企業についても，連結のみならず個別財務諸表にIFRS適用を認容（ごく希に強制）する国もある（高井 2009, 77）。このような広範囲の「コンバージェンス」の動きを想定するのであれば，連結財務諸表と国内GAAPとのズレは徐々に縮小させざるを得ないだろう。

　以上のことからすれば，現実的な対応策としては，フランスと同様の (3) と (4) との組み合わせということになろう。ただし，(3) と (4) をどのように組み合わせるかについてはなお検討すべき点が多い。例えば，フランスでは国内GAAPであるPCGもIFRSに近づける方向で対応がとられているが，個別財務諸表のレベルまでIFRSに合わせる必要があるのかどうかは冷静に検討すべき点であろう。

　すなわち，連結と個別を基本的に切り離す連単分離ではなく，あくまで先行であるという立場を採用する場合には，日本のGAAPもIFRSに近づける

第3章　会計の国際標準化による不整合と調和：主にフランスにおける適用を例として

ことが望ましいということになる。しかし，IFRSと国内GAAPが近づけば近づくほど，税務との矛盾は大きくなっていく可能性がある。連結と個別は基本的には切り離す，という方針の方が税務との関係からが現実的であるかもしれない。

第4節　小括

　以上述べてきたことをまとめていえば，フランスではIFRSの導入に伴って発生した財務会計と税務会計との間の矛盾に対して，税務会計独自の基準を作ること，および連結財務諸表の会計基準と単独財務諸表の会計基準との間にズレを作り出すことによって対応しており，日本においても同様の対応が現実的であろう，ということになる。もちろん，実際に上の2つの方法をどのように組み合わせればよいかという点は，フランスと日本でまったく異なるであろう。日本はこれまでIFRSとも米国基準とも異なるいくつかのルールを維持してきており，そのうちのいくつかはIFRSにあわせていくことが望ましいとしても，すべてをあわせていくべきとも限らず，またあわせていくときにどのようにあわせていくか，という点も考えていく必要がある。

　本章では，紙幅の関係もありフランスの事例に集中して論じたため，他の欧州諸国，例えばドイツやIFRSを広く導入しつつあるイタリアといった国々における状況を論じることはできなかった。また，ここで取り上げた問題はフランスにおける法体系や会社制度といったより広い文脈の中で語るべき問題であるにもかかわらず，このような検討はなされていない。また現在進行中の問題を扱っているため，将来的には状況が変わることもあろう。上述した問題も含め，本章における分析には多くの限界がある。これらに関する検討は今後の課題としたい。

参考文献

Ball, R.(2006) International Financial Reporting Standards (IFRS) : pros and cons for investors, *Accounting and Business Research*.

Benard, Y.(2007) Fiscalité et comptqbilité, Convergence + Connexion = chaos?, *Revue de Jurisprudence Fiscale* 6：523-528.

Conseil National de la Comptabilité (2005a) IAS/Fiscalité Rapport d'étape présenté l'assemblée plénière du 24 mars 2005.

Conseil National de la Comptabilité (2005b) Rapport D'Etape du Groupe IAS/Droit, L'Assemblée plénière du Conseil national de la comptabilité du 20 octobre 2005.

Degos, J. and S. Ouvrard (2007) L'influence des norms d'information financière sur la convergence des régles fiscales et comptables françaises, *Le Revue du Financier* 165：32-54.

Ernst & Young (2008) Bilanzrechtsmodernisierungsgesetz Überblick zu den wesentlichen Änderungen.

Evraert, S. and J.-F. des Robert (2007) French Accounting Revolution: Implementing IFRS in French Companies, *Globalisation of Accounting Standards*：130-143.

Marchal, S., M. Boukari and J. L. Cayssials (2007) L'impact des normes IFRS sur les donnees comptables des groupes francais cotes, *Bulletin de la Banque de France* 163.

Villemot, D.(2005) Comptabilité et Fiscalité: Convergence ou Divergence?, *Petites Affiches* N 179.

Katiya, A., N. Cordier-Deltour and V. Berger (2007) France: Tax Treatment of R&D Expenses in France, *International Transfer Pricing Journal*.

アーンスト・アンド・ヤング(2008)「ドイツニュースレター ドイツ会計基準近代化法 bilanzrechtsmodernisierungsgesetz (BilMoG)」『Newsletter』(号外), June.

大下勇二(2001)「フランス連結会計基準の国際的調和(7)：会計処理のオプション(1)」『経営志林』38(1).

大下勇二(2002a)「フランス連結会計基準の国際的調和(8)：会計処理のオプション(2)」『経営志林』39(2).

大下勇二(2002b)「フランス連結会計基準の国際的調和(9)：会計処理のオプション(3)」『経営志林』39(3).

大下勇二(2004)「フランス連結会計基準の国際的調和(12)：リース会計」『経営志林』40(4).

ガルシア,クレマンス(2008)「フランス上場企業におけるIFRS導入の影響」日本会計研究学会第67回大会発表レジュメ,研究報告要旨.

倉田幸路(1994)「ドイツにおける会計基準の国際的調和化について」『立教経済学研究』48(2)：65-84.

ケンプ,ディーター(2000)「国際会計基準(IAS)のドイツ国内会計制度における影響」『TKC会報』8月号.

河野明史（2005）「『公正価値』は本当に『公正』か？：How Fair is Fair Value」『情報センサー』（新日本監査法人）6月号，8月号．
古賀智敏・五十嵐則夫（2002）『会計基準のグローバル化戦略：国際会計基準の導入と会計基準の調和化への対応』森山書店．
古賀智敏（2007）「会計基準グローバル化の認識基点：会計基準グローバル化に向けての同化と分化」『経理情報』67（2）．
財務会計基準機構（2008）調査報告「企業会計と税法等の調整に関する現状分析と課題」．
佐藤誠二（2007）『EU・ドイツの会計制度改革』森山書店．
品川芳宣（2003）「確定決算基準の危機と今後の方向性」『税務弘報』7月号．
高井大基（2009）「EUのIFRS採用と各国の対応」『企業会計』61（1）：75-83．
武田昌輔（1993）「確定決算基準主義の再検討：企業会計と課税所得との軌跡を踏まえて」『COFRIジャーナル』12：105-110．
田中弘（1999）「確定決算主義における六つの弊害：努力する企業が報われる税制へ」『税経通信』54（16）：33-39．
中華人民共和国財政部会計司（2007）「新会計準則情況的分析報告」http://kjs.mof.gov.cn/zhengwuxinxi/diaochayanjiu/200807/t20080703_55829.html　Access Dec. 2014.
長谷川一弘（2005）「ドイツにおける「基準性原則」とBilReG」『商学研究論集』（明治大学大学院商学研究科），23：339-357．
藤井秀樹（2004）「基準調和化時代のフランス会計制度：プラン・コンタブル・ジェネラルの20年を振り返って」『京都大学大学院経済学研究科 working paper』No.J-37．
フランス会計規制委員会編／岸悦三訳（2004）『フランス会計基準：プランコンタブルジェネラルと連結会計基準』同文舘出版．
中里実（1983）「企業課税における課税所得算定の法的構造（4）」『法学協会雑誌』100（7）．
野村健太郎（1992）『フランス会計基準』中央経済社．
三日月章（1982）『法学入門』弘文堂．
三菱総合研究所（2008）『研究開発に係る会計・税務処理の在り方に関する基礎調査報告書』平成19年度産業技術調査事業．
三菱総合研究所（2007）産業技術調査『研究開発促進税制の企業ニーズ及び利用状況に係る調査報告書』平成18年度経済産業省委託事業．
森信茂樹・逆瀬茂郎・池田唯一・阿部泰久（2006）「会計基準の国際的なコンバージェンスと税制上の課題」『国際税制研究』17：5-26．
弥永真生（2006）「企業活動の国際化とトライアングル体制：会計基準と会社法・証券取引法・法人税法」金融研究研修センター『研究会報告書 企業会計・ディスクロージャーと税制等の将来像について（展望と課題）』金融庁．
柳裕治（2008）「ドイツ税法会計制度の変遷と展望：IAS/IFRS適用と基準性の原則」『会計学研究』（専修大学会計学研究所），34：75-87．
リース事業協会（2005）「リース会計基準に関する検討について（検討状況の報告）」．

第4章

会計基準の国際化と配当可能利益の動向

第 1 節　問題の所在

　各国の財務報告基準を国際財務報告基準（IFRS）に適合させるコンバージェンス／アドプションの動きに伴い，この財務会計との調和化が求められる領域として，税制とともに忘れてはならないのが，会社法との関係である。
　いうまでもなく，各国の企業活動の根本原則を定める会社法は各国法制設定主体の判断にゆだねられており，株式会社制度そのものについてはある程度類似化していく傾向にあるとはいわれるものの[1]，一般に会社法のコンバージェンスもしくはアドプションという動きは世界的な動きとしては見られていない。
　そこで本章では，財務会計における標準化と会社法との関係，特に会社法の中で財務会計に関係する，会社の財務内容の開示に関する規定（開示規則）と，配当（分配）可能財源の算定・支払いに関する規定（配当財源）のうち，配当可能利益の問題に焦点を当て，財務会計における標準化が会社法との間でどのような不整合性を発生させ得るのか，各国はどのように対応しているのか，そしてそのような対応にはどのような問題があり得るのか，といった点を検討していきたい。

第 2 節　財務会計と会社法会計の関係

　すでに述べたとおり，財務会計の国際標準化がある程度進展しつつある一方で，財務会計と密接な関係がある会社法会計は，税務会計と同様に，原則として各国の判断に任せられており，グローバル規模での国際的な調和とい

---

[1]　詳しくは Hansmann and Kraakman（2010）を参照。

うような動きは見られない。いうまでもなく，会社法は各国の商慣習など各国独自のビジネス形態と密接に結びついており，全世界での統一化というコンセプトでは設計がなされていない。前章で見た税制は各国政府にとって財政基盤を支える重要な機能であり，そのあり方は各国の主権にかかわる問題とすらいえる。会社法は税制に比べれば，相対的には主権にかかわる程度は強くはないといえるかもしれないが[2]，やはり各国において設立される会社の規律は各国の固有の事項と考えられており，簡単に標準化を進められるようなものでもない。このように考えれば，会社法や税制において世界的なコンバージェンスのような動きが見られないのは自然の成り行きとも感じられる。

ただし，このことは，言い換えれば税務会計と同様にコンバージェンスにより財務会計と会社法会計との間に齟齬が生じる可能性を意味している。ゆえに，完全にこれらの間の整合性をとらないということであればともかく，一定の整合性を要求しようとする場合にはいかに整合性を確保するかということが問題となる。税務会計の場合であれば，例えば何を費用として損金算入できるか，あるいは何を資産として計上するかという点はIFRSと各国税制との間で大きく異なり得る点であり，全体としての財務会計と税務会計の整合性を確保しながらこのような問題点をいかに処理するか，が問題となってくる（第2章，第3章）。

会社法会計の場であれば，財務報告それ自体にかかわる開示規制という問題があるが，実体として最も大きな問題は上述した配当可能利益の計算であろう。いうまでもなく，何を利益として認識し，配当可能とするのか，というのはIFRSと各国会社法で異なり得る。例えば，IFRSは一定の資産についてその公正価値の変動を利益として認識するが，このような利益は必ずしも実現しているわけではない。ゆえに，会社法会計の問題としてこのような利

---

[2] 例えば，欧州における会社法は統一こそされていないものの，一連の会社法指令によってある程度の共通化が図られており，またEC規則に基づく欧州会社（Societas Europaea, SE）も導入されている。

益を配当可能としてよいのかどうか，あるいはどのような資産であればその公正価値の変動を配当可能とするのか，というのは大きな問題となり得る。債権者保護という視点からすれば，実現していない資産の配当には問題があると判断できるかもしれないが，一方で何らかの形での利益は存在している以上，配当には問題はないという立場もあり得る。また，とりわけIFRSに基づいて計算された利益はボラティリティが高いことが一般に知られているが，そのような利益を配当可能とすれば，安定的な配当は難しくなる可能性があることも考慮されなくてはならない。さらにいえば，上でも触れた資産計上の問題は会社法会計でも問題になり得る。例えば，一定の条件を満たした開発費が資産化されるのであれば，少なくとも当該年度における利益の額は増大するが，この資産化された費用に対応する利益は配当可能としてよいのだろうか。

本章ではこのような点について，欧米主要国の中でも特徴的な米国，イギリス，そしてフランスの状況について触れた後，日本における対応を検討していくことにする。

第3節　配当可能利益の算定の類型

各国の状況の検討に入る前に，まず配当可能利益の算定方法にどのようなものがあるのかを整理しておきたい。この配当可能限度額の算定を類型化すると以下のようになる[3]。

---

[3] 配当規制方式についての類型については諸説あるが，主に会社法と会計の関係について扱った文献における類型としては，伊藤（1982, 60-64），向（2005, 44-45）がある。

第4章 会計基準の国際化と配当可能利益の動向

図表4-1 配当可能利益算定方法の類型

類型	内容	適用
1. 支払不能禁止基準 Equity insolvency test	配当金を支払うと債務の弁済が不能になる場合に配当不能とする	米国模範会社法，カリフォルニア
2. 資本減損禁止基準 （BS剰余金基準） Balance sheet surplus test	会社の資本（資本金および法定準備金）が減損する場合配当不能とする	日本（旧商法，平成17年6月会社法） EC会社法第2指令，米国模範会社法，デラウェア
3. 利益剰余金基準 （留保利益基準） Retained earnings test	未分配の留保利益以外から配当を支払ってはならないとする	EC会社法第2指令 日本（現在） フランス，カリフォルニア
4. 期間利益基準 Period income	当期またはそれ以前の特定の会計期間における純利益からの配当を許容する	デラウェア
5. 財政状態基準 Financial position	配当後の財務比率の規定を定め，これにより実質配当可能額を定めるもの	カリフォルニア

※1977年カリフォルニア会社法：一般に認められた会計原則に従って作成された連結財務諸表を基礎とした配当規制（支払い不能禁止基準，連結利益剰余金基準＋配当後の連結BSの財務比率基準を採用）

　以下，各方法について簡単に説明しておく。支払不能禁止基準は，債務が弁済できない状態での配当の禁止と，配当をすることで債務の弁済ができなくなる配当の禁止を規定している。債権者に対する保護を考えると，制度趣旨にかなった内容であるとはいえるが，配当可能な額を具体的に示すものではなく，実質面でどのように制限するのかという具体面で考えたときに分かりにくいという欠点がある。

　資本減損禁止基準は資本が減損されている，もしくは資本を減損するような配当は行ってはならないとするものであり，上の支払不能禁止基準とは異なり具体的な額が示される。

　利益剰余金基準は，未分配の留保利益以外から配当を支払ってはならない

とする基準である。毎期の利益総額から，配当等の社外流出分を差し引いた金額を配当可能財源ないし限度額とするものである。したがって，払込剰余金などの拠出資本は配当可能利益から除外されることになる。

期間利益基準は当期またはそれ以前の特定の会計期間における純利益からの配当を許容する配当規制である。ゆえに，たとえ資本に欠損が出ている場合でも，上記の特定期間の間の利益，例えば当期純利益がプラスならばそれを配当することが可能になる。

財政状態基準とは，一般的な配当限度額算定基準の中では異色であり，これは配当後の財務比率の規定を定め，これにより実質配当可能額を定めるものである。

先に述べたように配当可能限度額の制限は債権者保護のために設けられているものであるから，債権者と株主・投資家の利益のどちらをどの程度重視するかによって配当規制のあり方は変わってくる。現在の米国のように株主・投資家の利益を重視する場合には期間利益基準のように比較的緩やかな基準によることになり，伝統的に債権者保護を重視してきたフランスやドイツ，日本の場合には資本欠損禁止基準や利益剰余金基準のようなより厳しい基準によることになる。

第4節　配当可能利益の計算と財務会計

1．米国

次に，各国において配当可能利益の計算において財務会計のコンバージェンスが配当可能利益の計算がどのような影響を与え得るのか，各国が対応しているとすればどのような対応をとっているのかを見ていくことにしよう。まず米国の例から始めることにしたい。

米国においては、州ごとに会社法があり、それぞれに分配規制を設けている。米国会社法の典型的なものとしては、米国の上場企業の過半数がそれに従って設立されるデラウェア州の一般会社法（Delaware General Corporation Law, DGCL）と多くの州会社法のモデルとなっている改訂模範事業会社法（Revised Model Business Corporation Act：RMBCA）の2つをあげることができるが、その2つはそれぞれに配当制限を定めている。

デラウェア一般会社法では、(1) 剰余金もしくは (2) 剰余金がない場合には当期および（もしくは）前期の純利益から配当することができる。この意味で、上述の資本減損禁止基準と期間利益基準を組み合わせていると考えられる[4]。ただし、無額面株式の場合には、取締役会の決議により資本から剰余金に移し替えることができるため、実際にはかなり緩やかな制限となっている[5]。一方、改訂模範事業会社法では債務が弁済できない場合での配当および総負債と優先株に対する支払いの合計が総資産を超える場合の配当を禁止しており、この意味で上の支払不能禁止基準によっていると考えられる[6]。

以上から明らかなように、現在の米国においては配当制限はかなり緩やかになっている。その理由の1つは株主重視の流れであるが、もう1つの理由として、現在の米国においては名目資本を維持しなくてはならないという観念がなく、上述したように資本と剰余金を自由に移し替えることが可能であることは指摘できよう。この意味で、無額面株式の導入は米国の配当制限に大きなインパクトをもったといえるだろう（伊藤 1982, 206）。

このような点からすれば、コンバージェンスにより配当可能利益の計算が変化するとしても、そのような変化は特に大きな影響をもたらさないと思われる。例えば、資産価格の変動が利益として認識された場合には、そのような利益を配当することには特に問題は起こらないのではないだろうか。実際、

---

[4] DGCL §170.
[5] DGCL §244 (a) (4). なお Allen and Kraakman (2003, 135) も参照。
[6] RMBCA §6.40.

上述のような配当可能利益の計算はGAAPに従って行われるものの,資産評価に関しては「状況において適切な公正な評価あるいは他の方法」を利用することができるため[7],現在でも公正価値の変動による利益も配当することが許容されると考えられる。またSeward (1952) は,実際に未実現の資産の増加は配当可能なものとして理解している。また,仮にコンバージェンスによる利益額の変動が起こったとしても,デラウェア一般会社法のように資本と剰余金を自由に入れ替え可能であれば,実際には取締役会の意向に沿った額で配当することができるであろう。

なお,このような状況において債権者が自分の利益が害されると考えるのであれば,現在でもしばしば行われているように財務制限条項で対応することになると思われる。

以上のことから,名目資本維持の観念をもたず,配当可能利益の計算にもともと柔軟性がある米国においては,IFRSの導入によっても配当可能利益の計算について他国との比較の上では大きな問題にはなりづらいと考えられる。

2. イギリス

次にイギリスの例を見ていくことにする。イギリスにおいて配当可能利益の計算は「一般に認められた会計原則に従って作成された財務諸表において実現とされる利益・損失」によるものとされている。このように,会社法が一般に認められた会計原則を実現の拠り所としたため,会計原則の解釈が重要な問題として登場するようになり,配当可能利益に関する解釈指針が公表されるようになった。

この規定は1980年に導入され,1982年にはこれに対応する形でイングラ

---

[7] RMBCA §6.40 (d).

ンド・ウエールズ勅許会計士協会とスコットランド勅許会計士協会が解釈指針「実現利益の決定と分配可能利益の開示」を公表している (CCAB 1982a, 1982b)。そして, 1985年会社法において会社の分配についての規定が明確にされたことに伴い, 2003年には「1985年会社法での分配の文脈における実現利益と実現損失に関する決定指針」(TECH07/03) (ICAEW and ICAS 2003) が出された。

　一方, 2005年1月1日以降に開始する事業年度より, IFRSに準拠した個別財務諸表の作成が容認された。IFRSが個別財務諸表に適用されると, IFRSの公正価値概念が実現利益および分配可能利益に与える影響を与えることから, IFRS適用時における分配可能利益の計算について上記「実現利益の決定と分配可能利益の開示」を補完・修正するためのガイダンス案「分配可能利益：IFRSへの含意」(TECH21/05) が出されている。その後, グループ内の配当収入に関する処理の対応のために TECH57/05 が出され, 最終的にはこの両者を取りまとめて解釈指針 TECH02/07 が提供されている。

　その後2006年会社法の配当規制の定めに対応する形で, 会社法の実現利益・損失の解釈を提供する解釈指針として2008年に TECH07/08 および08/08, 2009年に Tech01/09, Tech03/09 が提供されることとなった。

　現行の配当規制は2006年会社法に定められているが, それによると, 配当可能利益の計算については「実現テスト」と「純資産テスト」の2種類のテストが規定されている。「実現テスト」とは, その利益が実現されているかどうかということを分配可能かどうかのメルクマールにするものであり, 分配可能利益は実現利益累計額から実現損失累計額を控除した金額となる。なお, 分配可能な範囲は, 連結ではなく, 個別会社の分配可能利益の範囲内とされている。これに加えて, 上場会社の場合には, さらに「純資産テスト」として, 利益処分後の純資産が払込資本および分配不能積立金の合計額以上でなければならないと配当できない。

　つまり, 上場会社では上記2つのテストが要求されているが, 非上場会社

では，実現テストのみが要求されている。

図表4-2　会社別配当可能利益の計算方法

会社タイプ	テスト名	算式
上場会社	実現テスト	実現利益累計額－実現損失累計額
	純資産テスト	利益処分後の純資産＞払込資本＋分配不能積立金
非上場会社	実現テスト	実現利益累計額－実現損失累計額

　財務会計との関係で問題になるのは「実現テスト」である。上で述べたようにある利益・損失が実現したかどうかは「一般に認められた会計原則」によるため，IFRSが導入されることにより実現の概念が変わってしまう。そこで会社法の実現利益・損失の解釈を提供する一連の解釈指針が出されている。

　これら一連の解釈指針によれば新たに導入された公正価値利益のすべてが「実現」と認められるわけではない。基本的な原則は「最終的現金実現の原則」，「容易に実現できる資産によって示される利益」がというものであり，この認識のもと実現原則の改訂を提案している（TECH07/08,08/08,01/09,03/09など）。

　ここでは，実現原則に関連する，「実現利益」と「適格対価」の改訂がなされ，適格対価については，「容易に現金と交換できること」を定義している。また，公正価値会計の再測定時の損失は「実現」としているなどの対応がなされている。

　すなわち，イギリスではIFRSをベースにしつつもそこに「実現」という制約を加えることで会社法と財務会計との調和を図っているといってよいだろう。

3. フランス

　最後にフランスについてみておきたい。フランス会社法（Code de commerce）では、「分配可能利益（bénéfice distribuable）は、当期の利益を基礎として、当期純利益から繰越損失および法律又は定款の適用による積立金として算入されるべき金額を差し引き、並びにこれに繰越利益を加えたものである」（フランス会社法第232-11条）として分配可能利益を規定している。すなわち、基本的には、会社の純資産額から法定積立金を控除した額であり、これはわが国の計算方法に類似しているといえる。

　この計算に関しては個別の財務諸表によっており、個別財務諸表はIFRSではなくフランスGAAP（Plan Comptable General：PCG）に依拠して作成されている。この意味では上記のようなIFRSの適用による配当可能利益の変化という問題は起こらない。しかし、実際には連結財務諸表へのIFRS導入にあわせて、PCGもIFRSへの調和を図るという動きが起こっており、やはり個別財務諸表を利用して課税所得を計算する税務会計との間では調整が必要となっている。

4. まとめ

　以上の検討からまず分かることは、比較的緩やかな配当制限しかしていない米国のような国であればともかく、ある程度厳しい配当制限を課しており、かつIFRSを個別財務諸表にも適用したイギリスのような国においてはIFRSに基づいた利益計算をそのまま配当可能利益の算定の根拠として使用することは難しいということである。イギリス会社法における「実現テスト」が公正価値変動を無条件には認識しないことが示すように、公正価値指向のIFRSと会社法会計との間ではしばしばズレが生じる。公正価値変動の認識はその一例だが、それ以外でも、工事進行基準の適用や開発費の資産計上などのよ

うに,従前より利益の計上時点が早くなる場合,あるいは費用の繰延が発生する場合には早い段階において利益が計上され,これを配当可能利益に算入すれば社外に流出することになる。このような問題はやはり何らかの対応を必要とする。

対応としてはイギリスのように会社法独自の基準で配当可能利益を制限する方法のほかに,米国のような緩い配当制限を導入する方法やフランスのように個別財務諸表と連結財務諸表とで財務報告基準を分けるという方法があり得る。

これらの対応はそれぞれにあり得る対応であるが,実際にはそれぞれに問題をはらんでいる。例えば,米国型の対応であるならば,債権者はもし配当可能利益の算定の変化により自分の利益が害される可能性があると思えば財務制限条項により対応することになろう。一般に財務制限条項を結ぶ場合には契約が締結された時点でのGAAPに依拠する（frozen GAAPと呼ばれる）ということがしばしば行われる[8]が,このような形であればIFRS導入による配当可能利益の変化にも対応できるはずである。ただし,この場合には実際には,財務報告を準備する側の会社が以前のGAAPと現行のGAAPの2つの帳簿を継続的に維持する必要があり,かつ,時を経るに従い,権利を行使できる適格者が少なくなるという問題点が指摘されている。

フランス型の対応の場合にもいくつかの問題は生じ得る（第3章）。まず,連結財務諸表と個別財務諸表との整合性がとれないことになるため,IFRSが普及するほど個別財務諸表にもIFRSを導入しようとする動きは強まるであろう。フランスにおいてPCGをIFRSに近づけようとしているのもこの点が影響しているものと思われる。また,連結と個別で異なるGAAPに基づき財務諸表を作成するのにはコストがかかる。これに加えて,個別企業ではなく企業グループでの経営が重視されるようになると,連結財務諸表のレベルで

---

[8] 特に剰余収益受領権（earn-out right）についてはfrozen GAAPが利用される。Leftwich (1983), Ormrod and Taylor (2004).

配当を考えようとする動きが出てくるだろう。後で述べる日本の連結配当規制はこのような考え方の1つの表れと考えられる。

そしてもちろん，イギリス型の対応にも問題は生じ得る。会社法独自の基準としてどのような基準を作ればよいのかというのは必ずしも明らかではなく，またフランス型ほどではないにせよ財務諸表で行った計算を修正のためのコストもかかる。とりわけ，イギリスのGAAPの規定はIFRSに近かったため比較的修正は容易であり，基準も作りやすかったものと思われるが，GAAPとIFRSが必ずしも近くない国においては上記の基準作成や計算の修正は難しいものとなると思われる。この意味で，どの方法にもそれぞれに課題が残っているということができよう。

第5節　日本における対応のあり方

以上を踏まえて，日本における対応のあり方を探ってみることにしよう。まず，日本における現状をみた上で，あり得る対応を考えてみたい。

1. 日本における財務会計と会社法会計の関係

よく知られているように，日本においては金融商品取引法会計（財務会計）と会社法会計，そして税務会計は基本的に同じ財務報告基準に従って作成されている。すなわち，金融証券取引法会計（財務会計）については「一般に公正妥当と認められる企業会計の基準に従うものとする」（財務諸表等規則1条1項）となっており，会社法会計においては「一般に公正妥当と認められる企業会計の慣行に従うものとする」（会社法431条），そして税務会計については「一般に公正妥当と認められる会計処理の基準に従って計算されるものとする」（法人税法22条第4項），とあり，上記3つがいずれもGAAPに

従って行われることを明らかにしている。

　財務会計と会社法会計の関係，特に会社法における大きな意味づけは配当限度額の計算と，株主を含む資金提供者に会社の現状や成果を正しく伝える情報開示の役割の両者を果たしているが，とりわけ，配当可能利益算定の関係においては，確定決算が配当可能利益計算上の根拠となっており（会社法446条，461条），その際には上記のように「一般に公正妥当と認められる会計処理の基準」に従うことになる。

　また，これ以外に留意すべきものとして連結配当規制がある。上述のような配当可能利益の算定は個別ベースで行われるものであるが，連結配当規制を適用する場合には，配当可能な利益の額は連結財務諸表に基づく配当可能額と個別財務諸表に基づく配当可能額のうち小さい方になる。現時点においては，これは連結配当規制適用会社が任意により適用することができるのみであるが，後で見るように連結財務諸表にIFRSが適用された場合には大きな問題となり得る。

2. 国際標準化における国内の対応

　日本のIFRS導入については，当初連結財務諸表の会計基準を個別から先行して改正する方針が金融庁から出され[9]，この場合には上場会社のみならず非上場についても連結を全面的にIFRSとするのか（さらにいえば，上場会社と非上場会社を制度的に切り分けるか），連結を日本基準とIFRSの選択適用にするかといった点は検討課題として残っていた。

　その後，連結先行で個別を後に追いつかせるという議論は取り上げられなくなり，出てきたのが，2014年7月に企業会計基準委員会（ASBJ）から公表された公開草案「修正国際基準（国際会計基準と企業会計基準委員会によ

---

[9] 企業会計審議会，2009年6月30日，「我が国における国際会計基準の取扱いに関する意見書（中間報告）」の公表など。

る修正会計基準によって構成される会計基準)」(Japan's Modified International Standards：JMIS, Accounting Standards Comprising IFRSs and the ASBJ Modifications) に見られる、いわゆる J-IFRS と呼ばれるような動きがある[10]。これにより、日本の資本市場で適用される会計基準は、日本基準、米国基準、指定国際会計基準に続いて4つ目となり、4つの会計基準が併存することになるが、これは国際的な会計基準導入に向けた大きな収斂の流れの中での1つのステップであり、今後のわが国と IASB の議論次第では解消されえるものとして当面の取扱として位置づけられていることと、あくまで資本市場向けの情報提供機能を重視しており、会社法をはじめとした関連法規・制度との調和までは明示されていない。

　いずれにせよ、連結と個別を切り離して連結にのみ IFRS を導入する場合には、原則としてはフランスと同様に配当可能利益に関しての調整といったことは必要なくなる。ただし、ここで問題となるのが連結配当規制である。もちろん現在の形であれば任意適用ではあるが、それでも連結ベースでの配当可能利益と個別ベースの配当可能利益が大きく異なる場合には（とりわけ連結ベースの配当可能利益が大きく変動し、それに従って配当が制限される場合には）問題になり得るだろう。さらに、上述したように企業グループ経営が重視されるようになれば連結財務諸表に基づく配当が問題になるだろう。

　また、これもすでに指摘したとおり、IFRS が普及するほど個別にも IFRS を導入し、あるいは GAAP を IFRS に近づけようとする動きは強まるだろう。そのような場合の対応としては大別すると①特に対応はとらず、公正価値の変動のようなものも含めて配当可能とする、②配当可能利益に関する独自の基準を作成する、の類型があり、どちらをとるかは直接的には立法者の意思、最終的には国民の意向によることになるだろう。ただし、これまで日本の会

---

[10] 企業会計基準委員会、公開草案公開草案「修正国際基準（国際会計基準と企業会計基準委員会による修正会計基準によって構成される会計基準）（案）」の公表、2014年7月31日、ASBJ ホームページ、2014年8月閲覧。

社法が基本的に名目資本維持の概念に基づいて作られてきたことを考えると，②の対応がより現実的であるように思われる。ただし，イギリスと異なり日本基準は IFRS とはなお距離があるために，このような基準作成の作業は困難なものになろう。

以上のようなことからすれば，連結財務諸表にのみ IFRS を導入し，連結配当規制が企業に与える影響を観察しながら将来の個別財務諸表への IFRS 導入（もしくは GAAP の IFRS への整合性確保）に対応するための配当可能利益の算定基準の作成を探ることになるだろう。算定基準の作成にあたっては，債権者保護を重視して厳格な制限を課す（例えば，公正価値の変動は一切利益として認めない）か，それとも株主の利益を重視してあまり制限を課さず，債権者には財務制限条項によって自分の利益を守らせるかというようなスタンスを決める必要がある。また，連結配当規制についても内容を再検討する必要も出てくるかもしれない。

いずれにせよ，コンバージェンスが配当可能利益の算出において新しい問題を引き起こすことは確かであり，これに対してどのように対応するかは会社法会計と財務会計の両方の視点から検討が求められる。

第6節 小括

会社法会計は利益の分配と情報開示の2つの機能を果たしているが，その両方が対立する場合には，当然のことながら，どちらの方をよりいっそう重視するのかというスタンスを定めた上で制度設計をすることが求められよう。情報開示の機能を重視するのであれば，非上場企業も含めて会社法会計も基本的には財務会計と同じ基準によって作成されること（さらにいえば全世界的に同じ基準で計算されること）が好ましいだろうし，利益分配の機能を重視するのであれば会社法会計は（報告を目的とする）財務会計とは異なる方

が好ましいだろう。

　日本がIFRSを導入することは，さまざまな他国の企業との財務内容の比較が可能になるという意味で財務報告という目的からはある程度好ましいことには違いない。しかし，IFRSが会社法や税法の規定に優先するような形で導入されるとするならば，それは配当規制や課税方法の決定といった政府の政策の優先順位が下がるといったことになりかねない。加えて，IFRSは各国の法制度に対する配慮はなく，あくまで全世界における高品質の単一の会計基準であることを志向している以上，いきおい，会社法がIFRSの結果を利用するのであれば，その配当限度額算定においてある程度妥協が求められることにならないかという懸念も否定できない。このような点を考えながら，いかに政府の政策と整合的な形でIFRSを導入していくかは各国の大きな課題となろう。

参考文献

Allen, W. T. and R. Kraakman (2003) *Commentaries and Cases on the Law of Business Organization*, New York: Aspen Publishers.
Consultative Committee of Accountancy Bodies (CCAB) (1982a) The Determination of Realised Profits and Disclosure of Distributable Profits in the Context of the Companies Acts 1948 to 1981 (TR 481), *Accountancy*, October：122-123.
CCAB (1982b) The Determination of Distributable Profits in the Context of the Companies Acts 1948 to 1981 (TR482), *Accountancy*, October：123-126.
Hansmann H. and R. Kraakman (2010) The End of the History for Corporate Law, *Harvard Law School Discussion Paper* 280, 3/2000.
The Institute of Chartered Accountants in England and Wales (ICAEW) and the Institute of Chartered Accountants of Scotland (ICAS) (2003) Guidance on the Determination of Realised Profits and Losses in the Context of Distributions Under the Companies Act 1985 (TECH7/03).
ICAEW and ICAS (2005) Distributable Profits: Implications of IFRS (TECH21/05).
ICAEW and ICAS (2005) Distributable Profits: Implications of IAS 10 and FRS 21 for Dividends (TECH57/05).
ICAEW and ICAS (2007) Distributable Profits: Implications of Recent Accounting

Changes (TECH02/07).
ICAEW and ICAS (2008) A Comparison of Illustrating the Changes Made in TECH 7/08 'Draft Guidance on the Determination of Realised Profits and Losses in the Context of Distribution under the Companies Act 2006' to TECH 1/08 'Guidance on the Dtermination of Realised Profits and Losses in the Context of Distributions under the Companies Act 1985' (TECH08/08).
Leftwich, R. (1982) Accounting Information in Private Markets: Evidence from Private Lending Agreements, *Accounting Review* 58 (1): 23-42.
Ormrod, P. and P. Taylor (2004) The Impact of the Change to International Accounting Standards on Debt Covenants: A UK Perspective, *Accounting in Europe* 1 (1): 71-94.
Seward, G. C. (1952) Earned Surplus—Its Meaning and Use in the Model Business Corporation Act, *Virginia Law Review* 38 (4): 435-449.
伊藤邦雄 (1996)『会計制度のダイナミズム』岩波書店.
伊藤邦雄 (1982)「アメリカ株式会社会計制度の史的構造 (一)」『一橋大学研究年報 商学研究』23:33-244.
篠原繁 (2007)「イギリス会社法における分配規制と実現利益の変遷:ICAEW 実務指針を中心として」『會計』171 (6):13-28.
島田眞一 (2009)「会計基準の国際的統一と会社法・税法との関係」『租税研究』715:161-172.
近田典行 (1990)「英会社法上の分配可能利益と TFV の関係について」『経理知識』69:59-76.
西田博 (1999)「米国における法的資本制度・分配規制・会計規定:カリフォルニア会社法と模範事業会社法の考察」『経済論叢』164 (6):1-40.
深谷和広 (2006)「英国配当決定指針案の改訂内容—分配可能利益:IFRSへの含意 (TECH21-05)」『東邦学誌』35 (1):105-121.
向伊知郎 (2005)「配当規制と連結配当政策」『経営管理研究所紀要』愛知学院大学, 12:43-60.
弥永真生 (1993)「未実現評価益と配当規制」『企業会計』45 (11):91-96.

第5章

会計の国際標準化と企業経営に与える影響：配当可能利益に着目して

第 1 節　問題の所在

　第 2 章から第 4 章ではグローバリゼーションの進展を背景に，会計基準の国際標準化に伴って会計関連制度との間で現出する不整合とその整合化プロセスについて扱った。会計関連制度としては，会計と密接な関係がある法律である税法，会社法を題材に取り上げ，投資家への有用な情報提供を目指しグローバル・スタンダードとして会計基準が統合化を志向したとしても，会計関連制度が連動しなければ，制度間の不整合を解消するための調整プロセスを継続して行う必要があり，調整のための社会的コスト等を鑑みても，グローバル統一基準を作成することの意義は簡単には推し量れないことや，加えて社会インフラとしての会計基準のあり方について考察した。

　続く本章では，グローバルな会計基準の導入により，ローカルで策定された国内法令の間で生じる影響とは別に，企業行動そのものに与える影響を題材に会計基準のグローバル化を検討したい。

　例えば会計の国際標準化に伴う利益計算の変化やそれに伴う租税制度の変化は，企業において，配当を維持するための益出しや新たな租税の軽減施策といった行動を引き起こし，さらには投資行動をも変化させる可能性がある。しかしながら企業行動に影響を与える外的・内的要因は多岐にわたるため，今回の分析は一定の環境要因を仮定した上で，特定の分野に着目して，焦点を絞る必要がある。

　そこで本章では，このような会計の国際標準化が企業経営に与える行動の分析の切り口として，国際財務報告基準のアドプションもしくはコンバージェンスに伴う配当可能利益の変化，そしてそのような変化が企業の配当行動に与える影響を検討し，そこから国際標準化と各国の会社法とをいかに調和を試みるのかについて考察する。国際財務報告基準（IFRS）の導入を契機とした配当可能利益の変化および企業の配当行動の変化に関する理論的な検

討を行った上で，実際にIFRSを導入した欧州諸国を対象として，財務データに基づく実証分析を行う。とりわけ，欧州諸国における国際財務報告基準の導入により配当可能利益の範囲が変わり，また企業がそのような会計基準の変化を利用しようとすることにより企業の配当行動に影響を与えることになるという仮説を検証する。この上で，このような行動がもたらす問題と，それに対応するためにはいかなる形で会計基準と会社法の配当可能利益の計算を調和させるかについて論じる。

　本章の構成は次のとおりである。まず第1節では，IFRSのような国際基準とまた国際基準の影響を受けた国内の会計基準との関係，そして，ローカルの制度，特に会社法における配当可能利益との整合化の問題を取り上げ，これらが企業の配当行動にどのような形で影響を与える可能性があるのか，そして企業の行動の変化がいかなる課題をはらんでいるのかの問題提起になる。第2節では，会計基準の国際化が配当可能利益の変化を通じていかに企業の配当行動に影響をあたえるのかについて，理論的な検討を行う。第3節では，このような理論的な検討から導かれる仮説を示した上で，フランスとイギリスの企業を例として実証分析を行う。第4節では結果の検討を行い，そこから会計基準と会社法とをいかに調和させるかについていくつかの考えを提示する。第5節はまとめである。

第2節　会計基準の国際化による企業の配当行動への影響

1．配当可能利益と会計上の利益

　会計基準の国際化と配当行動との関係について検討する前に，まず会計上の利益と配当可能利益との関係，およびIFRSが導入された場合の配当可能

利益の変化について簡単に整理しておきたい。もともと,会計上の利益は財務会計上の概念であり,一方で配当可能利益は会社法の概念である。ゆえに,両者が一致する必然性は必ずしもない。例えば,会計上の利益の中で配当に適さない部分があると会社法において判断するならばその部分は配当不能とされる。逆に,会計上の利益に含まれなくても配当可能であると会社法が判断することもあるかもしれない。

しかし,日本やドイツ,フランス等においては,配当可能利益は基本的に会計上の利益に基づいて計算される(第4章)。例えば日本であれば,「一般に公正妥当と認められる企業会計の慣行」(会社法431条)に従って計算された剰余金から分配がなされるわけである。もちろん,会計上費用とされても税法上損金とされない場合等も存在するが,これは税法側で定めた例外に過ぎない。ゆえに,IFRSが会計基準として認められるのであれば,IFRSに基づいて計算された利益が配当可能利益の計算の根拠となり得ることになる。

ここでIFRSによる利益を配当可能利益の根拠とする際に問題となるのは,IFRSにおける利益計算がいくつかの点でこれらの国々における配当可能利益の計算と異なる部分があるためである。

まず,IFRSにおいては基本的には利益とは資産の変動として捉えられるため,実現したかどうかにかかわらず時価評価差額のようなものは利益として認識される。一方で,配当可能利益の考え方は基本的には債権者保護を基本としており,名目資本の維持や債権者に対する支払可能性が重視される[1]。

もちろん,よく知られているように,このような資産変動の全体は包括利益という形で捉えられ,その中でさらに純利益と「その他の包括利益(OCI)」に分けられる。一定の項目についてはこのその他の包括利益(OCI)を経由して資本に直入され,純利益には反映されない。しかし,実際に多くの項目については純利益に含まれることになっている。

1　IFRSと会社法の関係については第4章参照のこと。

例えば、IFRSにおいては、投資用不動産の評価損益（IAS40）は当期の純利益として認識され、また非上場株式の評価損益も（仮に公正価値による測定が困難であっても）原則としては当期の純利益になる（後で述べるように、OCIを通じて資本直入にすることを選択しない場合である）。このような評価損益が債権者保護という観点から見て配当可能利益として扱うのが適切であるのかどうかについては議論の余地がある。

　実際、すでにIFRSが個別の会計基準として導入され、配当可能利益の計算根拠として利用可能なイギリスにおいては、配当可能利益について実現された累積利益から実現された累積損失を差し引いたものとしており[2]、会計上の利益がそのまま配当可能になるわけではなく、実現が要件となっている。そして、具体的にどのような利益が実現したとされ、配当可能とされるのかについては、イングランド・ウェールズ勅許会計士協会とスコットランド勅許会計士協会による解釈指針が出ており[3]、この解釈指針によれば、上で述べた投資用不動産の評価損益（para.4.13）および非上場株式（para.4.10）のどちらについても、評価損益は未実現であり、配当不能であるものとしている。しかし、このような調整がすべての局面で手当てされるわけではない。そうであるかぎり、IFRSに基づく配当可能利益算定で資産の変動が配当可能利益に含まれる可能性が残っているのである。

　もう1つ、重要な点は、費用の期間配分にかかわる問題である。IFRSにおいては、費用の期間配分に関して、いくつかの点で従来の会計処理（およびそれに基づく配当可能利益の計算）と異なる処理を行っている。主要な点の1つは研究開発費の処理であり、一定の要件を満たす開発費については即時費用化ではなく、資産化した上で販売期間にわたって償却する（IAS38）。

---

[2]　Company Act of 2006, Art. 830 (2).
[3]　TECH02/10　TECH02/03, ICAEW TECHNICAL RELEASE, Guidance on realised and distributable profits under the Companies Act 2006 issued by the Institute of Chartered Accountants in England and Wales and the Institute of Chartered Accountants of Scotland (the Institutes) in October 2010.

この取り扱いは配当可能利益の計算においても認められる[4]。すなわち，開発費が資産化された場合には，当該時点での費用が減少し，配当可能利益が増えることになる。また，のれんの非償却という取扱いも（IFRS3），通常の償却期間における費用を減少させ，一方で減損適用時の費用を増加させる。このような日本基準とは異なる処理のために，費用の期間帰属が変化し，例えば上の2つであれば開発時あるいは合併時の費用を減少させ，その分，配当可能利益を引き上げることになる。

このように，IFRSの導入は資産の公正価値の変動が利益計算に含まれる可能性を高めるのみならず，費用の期間配分に影響を与えることで，配当可能利益の計算を変化させる。

もちろん，会社法が定める配当可能利益はあくまで配当の上限を定めるにすぎず，実際に配当可能利益の中でどの程度配当をし，どの程度内部留保するかというのは各企業の判断による。しかし，配当可能利益が変化する結果として，企業はその変化に応じて配当方針を変更させるかもしれない。さらには，会計基準の変化を利用して，配当可能利益を増加する企業が出てくるかもしれない。このような意味で，会計制度におけるグローバリゼーションが，配当可能利益の計算を通じて，経営者の実際の配当行動や投資行動との関係に影響を与える可能性は否定できず，経営へ与える影響を検討することも不可欠である。

2. 配当可能利益と配当政策に関する先行研究：配当政策の決定要因

さて，ここまではIFRSの導入が配当可能利益の計算にもたらす影響について見てきた。次に，配当可能利益と配当行動あるいは配当政策との関係について考えてみたい。

---

[4] TECH02/10, para.2.38

すでに少し触れたように，配当可能利益は配当可能額の上限を規定するのみであり，配当可能利益を実際に配当してしまうか，内部留保するかという配当政策は企業によって異なる。

例えば，新興企業においては，成長期に会社をより発展させるべく，配当よりも内部留保による投資を優先するという選択肢を選ぶかもしれない。一方，投資家の立場では，配当収入よりも，キャピタルゲインを志向するかもしれない。高配当は再投資に振り向ける金額を配当してしまう可能性があることから，かえって企業の成長機会を阻害するかもしれず，経営が短期志向になるおそれもある。

このような意味で，配当に関する最適解はなく，企業のおかれた状況によって異なるといえる。こうした配当政策を解き明かす難しさが「配当パズル」といわれるゆえんである（Black 1976）。さらにいえば，そもそもモジリアーニ＝ミラーの定理からすれば配当するか利益を留保するかは無差別（Miller and Modigliani 1961）のはずであるが，実際には，少なくとも一定の配当が行われている。

それでは，配当政策はどのように決まっているのだろうか，またそもそも企業はなぜ配当をするのだろうか。この点についてはさまざまな仮説が提示されており，例えば，フリーキャッシュフロー仮説，シグナリング仮説，配当のライフサイクル仮説，ペッキングオーダー仮説，成熟性仮説，非システマティックリスク仮説，配当ケータリング仮説，コロボレーション仮説などがある（石川 2007；宮川 2013）。

これらのうち主要な仮説について見ることにする。まずJensen（1986）のフリーキャッシュフロー仮説では，社内に蓄積されているフリーキャッシュフローが企業内部で有効に用いられないのであれば，株主に配当として支払うことで，経営者が自らの権力や地位を維持するために不効率な投資を行って企業価値の減少を招くことを押さえることができるとする。すなわち，配当の問題を経営者と株主の間の利害の不一致から生じるエージェンシー問題

として取り扱っている（Grossman and Hart 1980；Easterbrook 1984；Lang and Litzenberger 1989）。

シグナリング仮説（signaling hypothesis）は，経営者は配当を通じて将来業績に対する企業の見通しを市場に伝えているという考え方をとる（Ross 1977；Bhattacharya 1979；Fama and French 1998）。これは，増配すると将来業績に関して投資家が期待の上方修正を行うことから，株価が上がり，また来期が到来して，実際にも株価が上がるというプロセスがあることを意味している。

配当のライフサイクル仮説（life-cycle hypothesis）で扱われているのは，成長の機会に恵まれている企業については，将来の成長をもたらす投資を行うために配当よりも内部留保を厚くする方が望ましく，逆に成熟産業に属する企業は経営者のフリーキャッシュフロー問題を緩和させるためにも株主へ配当として分配することが望ましいという議論である（Grulloon et al. 2002；De Angele et al. 2006）。

続く，ペッキングオーダー理論は，もともと，企業の資金調達における行動を説明する理論であるが，この理論を応用して，企業の配当政策を説明することもできるとしている（Myers and Majluf 1984）。本来は，経営者が資金調達を行うときに，情報の非対称性が低い資金調達手法として，内部留保を好み，その次に，借入，社債発行，そして新株発行という順番に進むことを説明した。この結果，内部留保がすでに十分に多く，資金をもっている企業は高い配当を行うが，一方で負債の多い企業は高い配当による資金の社外流出を好まないことになる。また，成熟性仮説は企業が成熟期に近づくにつれて，積極的な株主還元を行うという仮説である（Grulloon et al. 2002）。そして非システマティックリスク仮説は経営者がリスク回避を図るべく，リスクが高まると配当を減らして，フリーキャッシュフローを準備して有事に備えるという仮説である（Cambell et al. 2001；Hoberg and Nagpurnanand 2005）。

配当ケータリング仮説は，経営者と市場の間に情報の非対称性があること

第5章　会計の国際標準化と企業経営に与える影響：配当可能利益に着目して

を所与として，経営者は配当政策を市場へのシグナリングとして利用するのだが，特に市場が高配当の企業の株価を高く評価しているときには高配当を実施し，逆に配当と株価に連動性が認められなかったり，配当企業を市場が評価していない場合には，経営者は配当を取りやめるという仮説である（Baker and Wurgler 2004a；2004b；Li and Lie 2006）。

　最後に掲げたコロボレーション仮説は増配シグナルから将来業績に対する経営者の自信を読み取るとともに，また，この増配シグナルを発するときに株価はどう動くのかという観点から，利益と配当のアナウンスメントは相互作用し株価に追加的なインパクトを与えることになり，これをコロボレーション効果（corroboration effect）とする仮説である（石川 2010）。

　このうち，シグナリング仮説やコロボレーション仮説のような配当をシグナルとみなす仮説以外は，基本的には株主は配当増加を望み，経営者は内部留保を望むということを示唆している。すなわち，フリーキャッシュフロー仮説や配当ケータリング仮説は株主が配当の増加をもとめることを示唆しており，一方でペッキングオーダー仮説と非システマティックリスク仮説は経営者が内部留保を選好することを示唆している。また，成熟性仮説は，企業が発展している段階では内部留保を蓄積し，企業が成熟すると配当を増やすことを意味するから，これも同じ方向にある。

　シグナリング仮説あるいはコロボレーション仮説は配当政策のメッセージ性に注目するものであるが，これは「どの程度分配するか」という水準の問題よりも，分配が安定的に行われるか，という問題にかかっており，配当可能利益のうち，どの程度を実際に配当するかという点に注目するのであれば，二次的な説明に止まるものといえる。

　以上の先行研究から示唆されることは，配当可能利益が実際にどの程度分配されるかという水準の問題は，投資機会や配当の継続性等にももちろん影響されるが，株主と経営者のそれぞれの意向やその間の力関係によってある程度決まってくる，ということである。基本的に株主は配当増加を望み，経

営者は内部留保を望むとするならば，その両者の力関係によって配当の水準は決まってくるはずである。株主の影響力が強ければ，配当可能利益を実際に配当してしまう可能性が高くなり，これに対して相対的に経営者の影響力が強ければ，配当可能利益はかなりの程度内部留保に回され，実際の配当はそれほど大きくならないであろう。

　ここで配当にかかわる，相対的な株主の影響力をここでは「配当圧力」と定義して，以後の考察を続けたい。そうすると，他の条件を一定とすれば，配当圧力が高ければ配当可能利益はより配当に回され，低ければ内部留保に回されることになる。

　また，以上の先行研究の多くはどの程度配当をするかということに注目してきたため，配当可能利益そのものをめぐる企業行動については特に考えられてこなかった。しかし，もし，株主の影響力が大きく，その意味で配当圧力が経営者に強くかかる企業があるとすれば，そのような企業は単に配当可能利益の中からより多くの部分を配当しようとするだけでなく，配当を増やすために配当可能利益そのものを高めるような行動をとるかもしれない。例えば，有価証券の評価差額が未実現であるために配当不能であるとすれば，この評価差額を実現するために売却する，というような行動である。

　ここで，この有価証券の評価差額のような，潜在的には配当可能であるが，現在の法制上配当可能ではない利益を潜在的配当可能利益と呼ぶことにする。この潜在的配当可能利益という言葉を使えば，配当圧力の強い企業においては，配当可能利益からより多くを配当するだけでなく，配当可能利益そのもの大きくするために，潜在的配当可能利益を配当可能にするような行動がとられる可能性がある，ということになる。一方で，配当圧力の低い企業では，潜在的配当可能利益を操作しようというインセンティブはあまりないものと思われる。

　このような配当可能利益を大きくしようとする行動とは，いわゆる「益出し」的な行動ということになる。ここでの益出し行動とは，企業の利益操作

との手段としてしばしば取り上げられる利益調整（earnings management）[5]のうち，実態を伴う利益調整（real earnings management）に相当する。これに対して，会計発生高ベースの利益調整（accrual base earnings management）があり，あくまで会計方針の変更により会計上の利益を調整するものであり，経済的な実体には必ずしも影響を及ぼさない。ここで想定される「益出し」行動には，もちろん会計方針の変更のようなものも含まれるが，必ずしもそれだけでなく，含み益のある資産の売却のような場合を主に想定している。なお，ここで注目する「益出し」は財務制限条項や上場維持との関係で利益を高めるというものではなく，あくまで配当可能利益を高めるのが目的になるものを対象としたい（あわせて経営者の地位の維持にはつながるかもしれない）。

3. IFRS導入と配当をめぐる企業行動

次に，以上のような検討を踏まえて，IFRSの導入により企業がどのような行動をとるかを考えてみたい。すでに述べたように，IFRSの導入は資産の公正価値の変動が利益に含まれる可能性を高めるのみならず，費用の期間配分を変えることで配当可能利益の計算を変化させる。このような状況において，配当圧力の高い企業においては，配当可能利益の変化に応じて最大限配当を行おうとするだろう。しかし，より重要なのは，それと同時に企業は新しい会計基準の下でできるかぎり配当可能利益そのものを増やそうとする，という点である。

配当可能利益の変化そのものは，配当行動の変化というよりも，すでにある配当行動の下で配当できる利益が変化をするというだけの話である。しかし，新しい会計基準の導入は，配当可能利益の計算の仕方そのものを変化さ

---

[5] Healy and Wahlen（1999）やCohen and Zarowin（2010）などがあげられる。

せることにより，それを利用して配当可能利益そのものを増やそうとする行動を誘発する可能性がある。先の潜在的配当可能利益という言葉を使えば，会計基準の変化を契機として従来は配当不能であった潜在的配当可能利益を配当可能な形にしようとするのではないか，ということである。

以下では，IFRSの導入により，配当圧力のこのような潜在的な配当可能利益を配当可能利益に変え，配当を行うというような行動が見られるか，という点を検証していくことにする。

第3節　仮説導出と検証の方法

1．仮説の導出

すでに述べたように，ここでは企業の配当行動に影響を与える要因として配当圧力に注目し，IFRSの導入を契機として，配当圧力の高い企業が配当可能利益そのものを増加させ，配当を増やしているかどうかを検証しようとしている。

最初に検証しなくてはいけないのは，そもそも配当圧力の高い企業において，潜在的配当可能利益を配当可能利益に変えるというような行動が見られるか，という点である。この点がその後の仮説の基礎となっているために，まずこの点を検証する必要がある。

ただし，このような行動が見られるのは，そもそも正の潜在的配当可能利益がある企業に限られる。もし潜在的配当可能利益が負であれば，配当圧力の高い企業はそれを顕在化させて配当可能利益を減少させるような行動はとれないであろう。

また，この仮説は会計基準の変化にかかわりがないことにも留意する必要がある。どのような会計基準であるかにかかわらず，配当圧力の強い企業で

第5章　会計の国際標準化と企業経営に与える影響：配当可能利益に着目して

は上述の行動が見られる，というのがここでの仮説である．

最初の仮説は以下のようになる．

仮説1　配当圧力が高く，かつ正の潜在的配当可能利益を持っている企業は，潜在的配当可能利益を使って配当しようとするため，潜在的配当可能利益が低い．これはIFRS導入前においても導入後においても見られる．

次に，IFRSの導入の影響について考えてみたい．前述したとおり，IFRSの導入により，配当可能利益の計算が変化する際に，配当圧力の強い企業ではそれを利用して潜在的配当可能利益を配当可能にし，そこから配当を増やそうとするかもしれない．また，そもそも潜在的配当可能利益がIFRSの導入を契機に配当可能利益に変わり，あるいは他の理由によって配当可能利益そのものが変化して，それに応じて配当を増やそうとするかもしれない．

いずれにせよ，IFRSの導入を契機として，配当圧力の強い企業については配当可能利益を増やし，また他の変化も利用して配当も増やそうとするだろう．このような傾向は配当圧力が強くても正の潜在的配当可能利益をもたない企業でも見られるかもしれないが，実際に配当可能利益を増やそうとしても潜在的配当可能利益がなくては大きな影響はないとした．そこで，ここでは正の潜在的配当可能利益をもつ企業に限って分析を行う．ただし，配当可能利益を増やそうとする行動についてより正確に測定しようとするのであれば，正の潜在的配当可能利益をもち，かつIFRSの導入によりOCIが増加した企業に限定すべきであろう（減少してゼロ以下になってしまえば，配当可能利益を増やそうとすることもできなくなる）．

仮説2　潜在的配当可能利益が正である企業において，配当圧力の高い企業においてはそうでない企業に比べ，IFRS導入後に配当の

変化が正の方向に大きい。

> **仮説3** 潜在的配当可能利益が正であり，かつIFRS導入によるその変化も正である企業については，配当圧力の高い企業はそうでない企業に比べ，潜在的配当可能利益の変化が小さい。

最後に，IFRS導入への対応がこのような配当行動に対してどのように影響するかについて考えておく。すでに触れたように，イギリスではIFRSを配当可能利益の計算の根拠として利用できるが，一方で実現テストという別な基準を入れており，IFRSの導入により例えば公正価値の変動が配当可能利益に含まれることを防止している。このような調整が行われている場合には，上記のような潜在的な配当可能利益を配当可能利益に変えようとする行動が抑制されるのでないかと考えられる。

すなわち，上記の仮説2，3のような結果が見られるかどうかは，各国がIFRSを導入する際にどの程度，配当可能利益に関する独自の規制をかけるかによって変わってくると予想される。

> **仮説4** IFRSの導入において，配当可能利益に関する独自の規制が設けられている場合には，仮説2，3のような現象は見られない。

2．測定尺度

次に，測定尺度について考えていくことにしたい

配当圧力：配当圧力そのものの測定は容易ではない。配当性向で測定するという方法も考えられるが，配当性向はあくまで配当圧力の結果であり，かつ配当性向は投資機会の多寡やシグナルとしての利用の仕方のような他の要因の影響を受けるため，必ずしも適切な指標ではない。

そこで本章では,赤字の状態でなお配当している企業に注目する。黒字で配当している企業と異なり,赤字の状態でなお配当している企業については株主からの配当圧力の高い企業との判断に基づく。赤字の状態で配当する理由については,安定配当の維持等も指摘されているが,そのような場合であっても,経営者が赤字の状態であるにもかかわらず配当をせざるを得ないのは,一定の圧力があるからではないかと考えられる。

さらに,赤字・黒字に加えて有配・無配の2つの変数で企業を4つのカテゴリーに分類する。上述したとおり,赤字有配企業が配当圧力の高い企業であると考えられる。他のカテゴリーについては,黒字配当企業と赤字無配企業については赤字有配企業よりも配当圧力が弱いと考えられるが,その程度は定かではない。黒字無配企業はこれらの企業よりも配当圧力が弱い可能性があるが,一方で単純に配当原資がないなどの理由も考えられる。そこで,本章では配当圧力の程度について明確に区分せず,4カテゴリーの企業について単純に比較をしていくことにする。

配当:配当そのものの額は明確であるが,配当の額が規模によって変わると想定されることから,本章では配当/総資産によって配当の大きさを測定する。

潜在的配当可能利益:潜在的配当可能利益は,基本的には潜在的・顕在的にかかわらず配当財源を構成する可能性のある利益のすべてから,配当可能利益を差し引くことによって得られる。そして,配当財源を構成する可能性のある利益のすべてとは,基本的には包括利益により測定できるものとの前

図表5-1 配当圧力の程度による企業のカテゴリー分け

	赤字	黒字
有配	配当圧力の高い企業	赤字有配企業よりも配当圧力が弱いと考えられるが,その程度は定かではない
無配	赤字有配企業よりも配当圧力が弱いと考えられるが,その程度は定かではない	配当圧力が弱い可能性があるか,単純に配当原資がない

提にした。というのは，包括利益に含まれないが潜在的には配当可能である要素というものは考えにくく，一方で，包括利益に含まれているのであれば，例えば公正価値の変動のように配当可能利益に関する規制が変化すれば配当可能であるものと考えられるためである。

問題は配当可能利益であるが，配当可能利益そのものは会社法の規制に従って定まっており，会計上の数値から個々の会社における配当可能利益の額を把握することは困難である。そこで本章では，IFRS上の純利益と配当可能利益（今年度の配当可能利益）とが異なることを踏まえた上で，潜在的配当可能利益を測定するために，IFRS上の純利益と配当可能利益がある程度近いものであることを利用して，包括利益から純利益を差し引いたその他の包括利益（OCI）によって潜在的配当可能利益を測定することとしたい。なお，先に配当について述べたのと同様に，企業規模が大きくなればOCIも増大する可能性を考え，分析ではOCI/総資産を利用する。

なお，配当可能利益の計算は単体での財務諸表に基づくため，以上のような数値は本来個別財務諸表に基づくものであるべきであるが，一方で実際に詳細なデータを取得できるのが連結財務諸表だけであるという問題がある。ただし，これについては，実務的には配当意思決定が連結レベルのグループ全体で行われているという状況もあり（石川2007；加賀谷2004など），とりわけ本章で扱おうとしている，企業の配当圧力と潜在的配当可能利益および配当との関係に関していえば，連結レベルのデータを使うことも許容されると考えた。そこで本章では連結レベルのデータを利用して分析を行う。

3. 分析対象と検証の手法

分析の対象とするのは，イギリスとフランスの2カ国の上場企業である。イギリスは，すでに述べたように配当可能利益の計算の基礎としてIFRSを

利用することができ，また会計上の利益と配当可能利益に関する調整も行われている。一方で，フランスにおいてはIFRSは個別財務諸表には適用されておらず，ゆえに配当可能利益の計算の基礎として利用することはできない。しかし，その一方でIFRSが欧州の上場企業の連結財務諸表に導入された2005年以降，フランスの会計基準であるPCG（Plan Comptable Général）もIFRSの影響を受けて大きく変化しており，この意味で配当可能利益の計算もIFRSに大きく影響されている。会計上の利益と配当可能利益との間の調整に関しては，フランスが個別財務諸表向けに独自の会計基準を残しているためあまり行われていない。フランス商法典232-11条および商事会社法346条は「再評価差額は分配することができない」旨を規定しており，これが重要な配当規制として機能している。以上のことから，イギリスとフランスを比較することで，IFRSの導入に対する配当可能利益の計算の調整の程度によって配当行動がどの程度変化するかを見ることができるだろう。

データとしては欧州へのIFRSの導入前の2003年と導入後の2007年の2時点のデータを利用する。データはReuter EIKONより入手した。対象はこの2つの時点の両方で上場している企業であるが，2003年時点で自主的にIFRSを利用していた企業についてはサンプルから除外する。また，ここで利用する変数（OCI/総資産，配当/総資産）が2003年あるいは2007年のどちらかの年度で上下1%に含まれるデータは除外する。この結果，実際に分析に利用したサンプルはフランスで323社，イギリスでは2003年と2007年の両方で利用可能なサンプルは77社，2007年のみであれば383社である。

分析手法としては，2元配置分散分析を利用する。分散分析はグループ間の比較のための手法であり，単純な手法ではあるが具体的な数値を扱うことができるために結果が直感的に理解しやすい。また，本章で考えようとしている問題は従来あまり検討されたことのない問題であり，回帰分析等を行う前にこのような単純な分析で見通しを付ける方がよいものと考えた。

第4節 分析結果

まず,仮説1から分析についての結果を示していきたい。

2003年のフランスについて,OCIが正である企業は40社となる。この40社を,赤字・黒字,有配・無配によって4グループに分け,OCI/総資産を比較してみると,赤字配当企業と黒字無配企業が同程度となり,黒字有配企業,そして赤字無配企業がそれより大きいという結果になる。この分散分析では交差項のみが10%の有意な差が認められる。

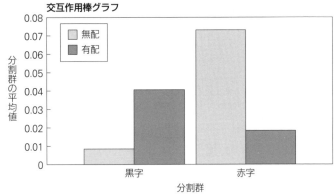

図表5-2 正のOCI企業(2003年フランス):OCI/総資産 比較

分散分析表

	自由度	平方和	平均平方	F値	p値	ラムダ	検出力
赤字黒字	1	0.00273	0.00273	0.69568	0.4097	0.69568	0.12325
配当	1	0.00077	0.00077	0.19489	0.6615	0.19489	0.07076
赤字黒字＊配当	1	0.01155	0.01155	2.94120	0.0949[†]	2.94120	0.36974
残差	36	0.14136	0.00393				

第5章 会計の国際標準化と企業経営に与える影響:配当可能利益に着目して

　次に,2007年のフランスについて同様の分析を行おうとする場合には1つ問題が生じる。07年時点でOCIが正である企業の中で,赤字有配企業が存在しないという点である。そこで,配当圧力の強さは企業の属性であると考えて,2003年時点での赤字・黒字,有配・無配によって企業をグループ分けし,2007年時点で正のOCIである企業43社についてOCI/総資産を比較すると結果は以下のようになる。

図表5-3　正のOCI企業（2007年フランス）：OCI／総資産　比較

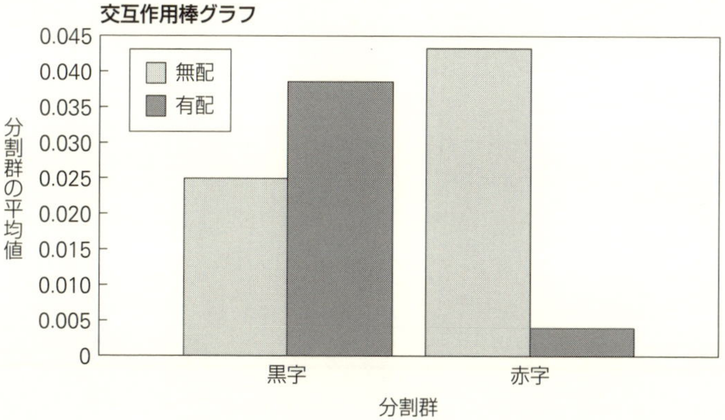

分散分析表

	自由度	平方和	平均平方	F値	p値	ラムダ	検出力
赤字黒字	1	0.00034	0.00034	0.07905	0.7801	0.07905	0.05854
配当	1	0.00084	0.00084	0.19349	0.6625	0.19349	0.07069
赤字黒字＊配当	1	0.00360	0.00360	0.82814	0.3684	0.82814	0.13763
残差	39	0.16951	0.00435				

結果としては赤字有配企業の OCI/ 総資産が他のグループより低く，仮説と整合的であるが，結果は有意ではない。

　次にイギリスを見てみよう。上記と同様の分析を行うと，2003 年のイギリスについては，赤字有配企業の OCI/ 総資産の値は黒字有配企業より大きいが，赤字無配企業，黒字無配企業よりも小さい。この意味で，仮説と大きく異なってはいない。なお，この結果は配当の有無 (1% 有意)，交差項 (5% 有意) ともに有意であり，赤字黒字も 10% 水準であるが有意な差が認められる。

図表 5-4　正の OCI 企業（2003 年イギリス）：OCI ／総資産　比較

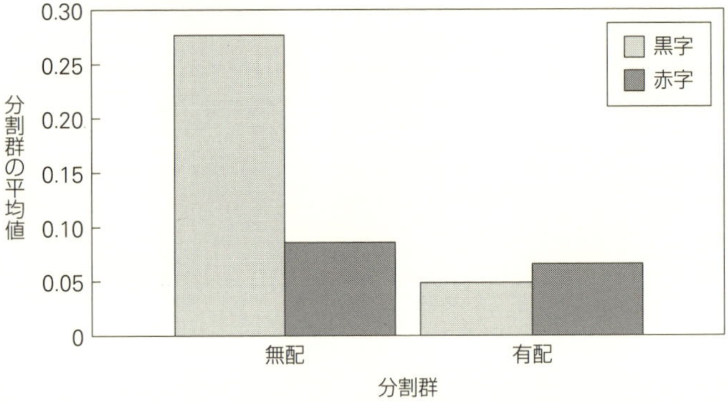

分散分析表

	自由度	平方和	平均平方	F 値	p 値	ラムダ	検出力
有配無配	1	0.06625	0.06625	7.67664	0.0078**	7.67664	0.78647
赤字黒字	1	0.03242	0.03242	3.75675	0.0581†	3.75675	0.46271
有配無配＊赤字黒字	1	0.04672	0.04672	5.41340	0.0240*	5.41340	0.62281
残差	51	0.44013	0.00863				

2007年のイギリスを見てみると、OCI/総資産は基本的には予想されたように赤字有配企業が最も小さいが、一方で黒字無配企業と大きな差がない。ここでは、交差項のみが10%有意となっている。

図表5-5　正のOCI企業（2007年イギリス）：OCI／総資産　比較

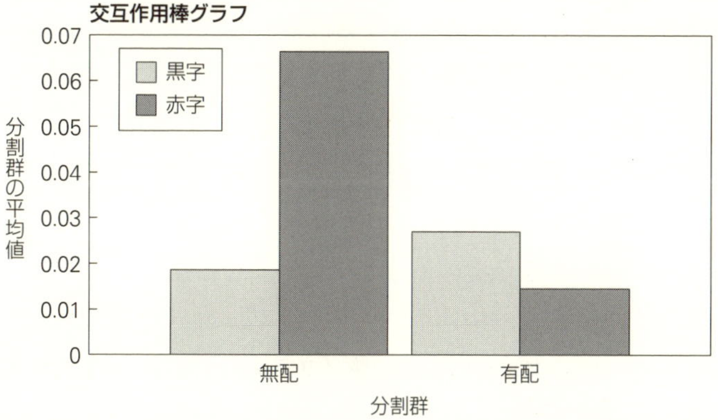

交互作用棒グラフ

分散分析表

	自由度	平方和	平均平方	F値	p値	ラムダ	検出力
有配無配	1	0.00563	0.00563	1.46275	0.2281	1.46275	0.21229
赤字黒字	1	0.00373	0.00373	0.96884	0.3263	0.96884	0.15648
有配無配*赤字黒字	1	0.01082	0.01082	2.81187	0.0953†	2.81187	0.36768
残差	183	0.70441	0.00385				

　以上の結果から、仮説1については、赤字有配企業のOCI/総資産が最も小さいとは限らないにせよ、最も小さいか最も小さいものと同程度かになっており、この意味で仮説と整合的であるが、統計的な有意性は限定的である。ゆえに、限定的に仮説を支持する結果ということになるだろう。

次に,仮説2については以下のとおりであった。

ここで,配当圧力の高さに関しては2003年時点の赤字黒字,有配無配で分類し,配当の変化については配当／総資産の2007年と2003年との差で測定することにする。この場合,仮説は,赤字有配企業は,他のグループに比べ,配当／総資産の2007年と2003年の差が大きい（絶対値ではなく正の方向に）ことを意味する。また,潜在的配当可能利益の正負については2003年時点で判断するが,2007年時点で判断した結果も見ることにする。

フランスについて見ると,2003年時点でOCIが正の企業の中で,2003年時点で赤字有配の企業の配当／総資産の差分は他のグループより大きいが有意ではない。2007年時点でのOCIの正の企業を見た場合には,黒字無配企業の差分の方が赤字有配企業の差分よりも大きくなる。

図表5-6　2003年に正のOCI企業（フランス）：配当／総資産の変化

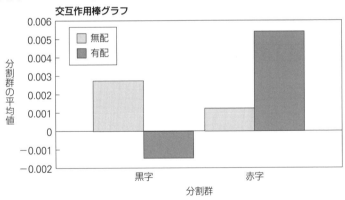

分散分析表

	自由度	平方和	平均平方	F値	p値	ラムダ	検出力
赤字黒字	1	0.00004	0.00004	0.69341	0.4105	0.69341	0.12301
配当	1	1.53217E-9	1.53217E-9	0.00002	0.9961	0.00002	0.05000
赤字黒字＊配当	1	0.00011	0.00011	1.68917	0.2020	1.68917	0.23098
残差	36	0.00228	0.00006				

イギリスについて見ると，2003年時点でOCIが正の企業の中で，2003年時点で赤字有配の企業は他の企業に比べ配当／総資産が正に変化しており，その変化の幅も大きい。統計的には，赤字か黒字かのみが5%有意となっている。ただし，2007年時点でOCIが正の企業について見ているとこのような傾向は見られず，むしろ赤字配当企業の配当の変化は他よりも小さくなる。

図表5-7　2003年に正のOCI企業（イギリス）：配当／総資産の変化

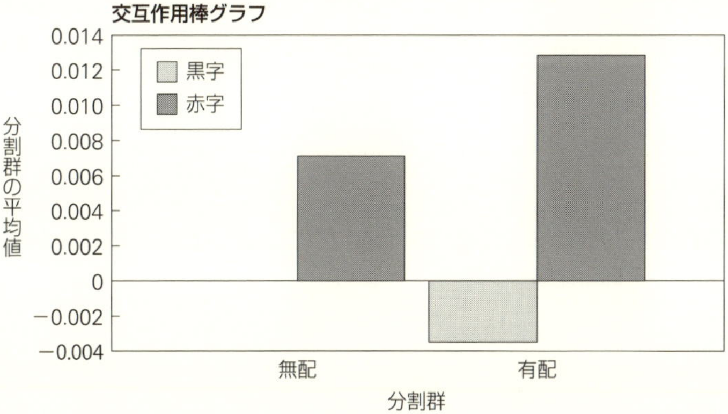

分散分析表

	自由度	平方和	平均平方	F値	p値	ラムダ	検出力
有配無配	1	0.00001	0.00001	0.04983	0.8243	0.04983	0.05545
赤字黒字	1	0.00057	0.00057	5.08528	0.0286*	5.08528	0.59293
有配無配*赤字黒字	1	0.00009	0.00009	0.78631	0.3795	0.78631	0.13396
残差	49	0.00552	0.00011				

　以上のことから，結果は仮説と整合的であるが，統計的な有意性は非常に限定されているということになるだろう。

一方，仮説3については，すでに述べたように2003年時点の潜在的配当可能利益が正であり，かつIFRS導入により潜在的配当可能利益が増加した企業とすべきなのだが，そのような条件にしてしまうとサンプル数が足りない。そこで，2007年時点でOCIが減少してゼロ以下になったという企業を排除するために，2003年のOCIではなく，2007年のOCIを使って分類することにする。配当圧力についてはやはり2003年時点での赤字黒字，有配無配で分類する。

　まず，フランスについて見ると，07年のOCIが正である企業について，03年時点での赤字配当企業のOCI/総資産の増加を他のグループと比べると，そのOCIの増加は他の企業に比べ有意に小さい。ただし，統計的には有意ではない。なお，2003年のOCIが正である企業について見てみると，OCIは

図表5-8　2007年に正のOCI企業（フランス）：OCI／総資産の変化

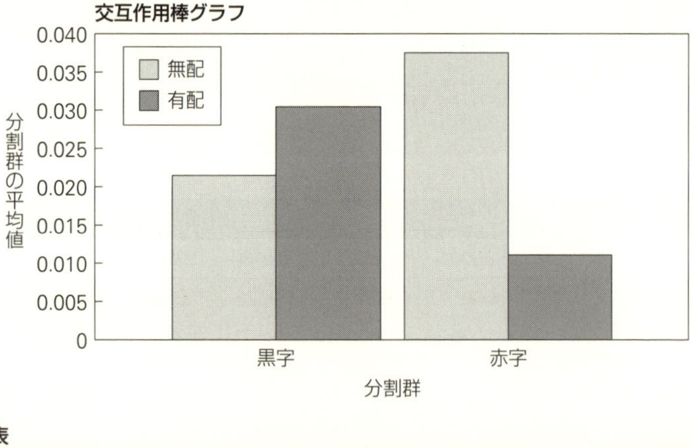

交互作用棒グラフ

分散分析表

	自由度	平方和	平均平方	F値	p値	ラムダ	検出力
赤字黒字	1	0.00002	0.00002	0.00310	0.9558	0.00310	0.05034
配当	1	0.00040	0.00040	0.08168	0.7766	0.08168	0.05882
赤字黒字＊配当	1	0.00162	0.00162	0.33243	0.5675	0.33243	0.08530
残差	39	0.18980	0.00487				

平均的に見て減少しており，その減少の幅は赤字無配企業が一番大きく，次が赤字有配企業となる。

一方，イギリスで2007年にOCIが正である企業について，OCI/総資産の変化を見てみると，OCIは平均的に見て減少しており（ただし，07年のOCIが正の企業だけを見ているため，もともと03年時点でもOCIが正であった企業においてOCIが減少したがゼロより大きいという状況を意味していると考えられる），その中でも赤字有配企業の減少幅が大きいが，統計的には有意ではない。

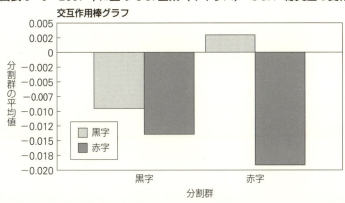

図表5-9　2007年に正のOCI企業（イギリス）：OCI／総資産の変化

分散分析表

	自由度	平方和	平均平方	F値	p値	ラムダ	検出力
有配無配	1	0.00006	0.00006	0.01419	0.9057	0.01419	0.05156
赤字黒字	1	0.00080	0.00080	0.19010	0.6648	0.19010	0.07050
有配無配＊赤字黒字	1	0.00036	0.00036	0.08527	0.7716	0.08527	0.05928
残差	47	0.19864	0.00423				

以上をまとめると，結果は仮説とは整合的であるものの，統計的には有意ではない，ということになる。

また，仮説4については，仮説2, 3の結果についてイギリスとフランスで大きく結果が異なるという状況は見られない。この意味で，仮説は支持されていないといえる。

第5節 検討と考察

以上のような結果は，統計的な検証としては不十分ではあるものの，配当圧力の強い企業は潜在的配当可能利益を配当可能利益に変え，配当をしようとしていること，IFRSの導入は配当圧力の強い企業においてこのような行動を誘発する契機となることを示唆している。イギリスとフランスで明確な差が見られなかったことにはいくつかの解釈の可能性があるが，上の結果の中でIFRSの影響が仮説と整合的ではあるものの，必ずしも統計的に有意でなかったことからすれば，1つの解釈として，イギリスの配当可能利益の計算に関する規定のみならず，フランスのPCGが実質的な配当規制としてある程度機能していると考えることができよう。

実際のところ，配当圧力の強い企業が存在すること自体は問題ではない。しかし，IFRSの導入をいわば利用する形で，あくまで潜在的にしか配当可能ではないIFRS上の包括利益を配当しようとする動きを誘発すると予想される。このような動きは，会計上の操作あるいは実質的な資産の処分等による「益出し」の形をとることになる。IFRSにおいては時価の変動も利益に含まれるようになるために「益出し」の意味がなくなるという意見もあるが，実際には周辺制度の関係が存在する以上，「益出し」のような行動がなくなるわけではないのである。

ただ，「益出し」が必ず問題なのかというと，そうとは限らない。そこで，このような潜在的配当可能利益を配当可能利益に変えるような行動がどのような問題を引き起こすのかを検討してみよう。

具体的には,このような行動は,以下の2つの形態をとり得る。

1つ目は,IFRS上の純利益には含まれているが配当可能利益に含まれていない部分がある場合（例えばイギリスにおける投資用不動産の評価損益）,これを配当可能な利益に変えようとする行動である。

このような行動としては,まず (a) IFRS上の純利益に含まれている当該部分を配当規制に適合的な形に変化させる,という行動が考えられる。投資用不動産の例であれば,売却することによってこの利益は実現するために配当可能になる。このような行動であれば会計上も会社法上も問題はない。なお,この場合に逆のケースとして,会社法の方を変更して一定の範囲の配当を認めるよう制度設定主体に働きかけるという可能性もあるが,これは制度設定主体の判断であり,これ自体が問題とはならない。

しかし,これ以外に (b) 何らかの会計上の操作によって,配当規制を潜脱しようとするという可能性があり得る。例えば,投資用不動産の例であれば,その利益が実質的には実現していないにもかかわらず実現したかのようにするために,当該不動産を子会社に時価で売却する（その分当該子会社の利益が減るが,連結配当規制に抵触しなければ問題はない）というような行動である。このような行動には問題があるため,何らかの規制が必要であると考えられる。

2つ目は,資産に評価益は発生しており,その差がIFRS上のOCIとして認識されている場合に,この評価益を配当可能にしようとする行動である。

このような行動としては,(c) いわゆるリサイクリングを通じて「その他の包括利益」に含まれている部分をIFRS上の純利益として認識し直し,それを配当可能にしようとする,(d) リサイクリングを行わずに,「その他の包括利益」のままで会社法上配当可能にしようとする,の2種類のパターンがあり得る。

このうち,(c) の場合に,会計基準がそのような行動を認めているのであれば問題はないが,そうでなければ会計上の操作を伴う余地がある。一方,

(d) は会社法上の規制となるため，会社法上の規制にさえ適合すれば会計上の操作などは伴わないため，問題はないことになる。

ここで一例としてIFRS9「金融商品」での取扱を取り上げる。金融商品は原則として公正価値で認識し，その変動は損益となる。例外的に，公正価値の変動をOCIで認識し，利益として認識しない（Fair Value through Other Comprehensive Income：FVTOCI）というオプションも認められている。この場合には売却時の損益もOCIにいれ，資本直入にする。しかし，企業側として好ましいのは，有価証券をFVTOCIとし，時価変動を利益認識しないことによって利益のボラティリティを下げる一方で，当該有価証券の売却時には利益を配当可能利益として認識できることである。

これを防止するために，このOCIオプションは撤回不能なものとされている。しかし，このようなルールの場合には，OCIオプションを取り外すこと主目的とした一連の取引（例えば第三者に簿価に近い価格で売却し，買い戻すなど）を試みる可能性がある。これが可能であれば，実質的にリサイクリングが達成され，その後改めて売却した場合に純利益に繰り入れられることになり，かつこの利益は実現しているためにおそらく配当原資となる。その場合に撤回不能である当該オプションの「撤回」とみなされるかどうかにおいて，監査人の判断にかかる可能性も生じる。

一方で，このOCIオプションを選択した有価証券に関して，配当を優先しようとする会社が，OCIに残したままで配当できるように制度設定主体に要求するかもしれない。制度設定主体の側からすれば，このような利益は実際に実現しており，債権者を害しない配当とみなされるために，配当してはならない理由がない。

実際，IFRSの側で，OCIを配当可能とすることを認める余地はある。というのは，IFRSにおいても有形固定資産および無形資産の再評価損益は実現時にOCIから直接利益剰余金への振替が認められており，即時認識数理計算上の差異に関しても同様にOCIから利益剰余金への振替が認められている

のである。このように考えれば，OCI オプションを選択した有価証券についても，配当は認められる可能性がある。

以上述べてきたことを整理すると，IFRS の導入を契機として潜在的配当可能利益を配当可能利益に変えるような行動が誘発される場合に起こり得る問題とは，上の (b) や (c) のような場合に会計上の操作を行おうとするということである。会計の観点からは (d) も問題であるように思えるが，実際のところ (d) は制度設定主体の選択の問題であり，OCI のどの部分が配当可能とされるべきか（あるいは利益剰余金に含まれるべきか）という判断の問題に過ぎない。

しばしば指摘しているように，配当可能利益の計算はあくまで会社法の問題であり，会計上の利益と配当可能利益とがどのような関係にあるべきかというのは各国の判断の問題となる。IFRS 上の純利益と配当可能利益の概念にズレがある以上，これを一致させるべきという考え方は現実的ではない。どのような範囲を配当可能利益とすべきかについては各国の判断によるのである。

ただし，そうであったとしても，調整においていくつか考えなくてはならない点が上の考察から示唆される。1つは，(b) のような配当規制の潜脱をなるべく起こさないようにすることである。もう1つは，(c) のような OCI を純利益に変えようとするような行動を引き起こさないようにすることである。ただし，この (c) に関してはむしろ OCI であっても配当を可能にするような規制を導入することで回避できるかもしれない。OCI だから純利益に含まれず，ゆえに配当ができない，という考え方はむしろ問題を引き起こすかもしれないのである。

最後に，調整をどのように行うかという点に少しふれておこう。すでに述べたように，フランスとイギリスの間で実証分析の結果に差がなかったことは，消極的ではあるがフランスの PCG がイギリスの配当規制の代わりにある程度機能している可能性を示唆している。また，上のような考察においても，

必ずしも配当規制は会社法だけで対応する必要はなく,例えばOCIの利益剰余金への振替を認める,あるいはそもそもリサイクリングを認める,というような形で,会計基準のレベルで対応できる部分がある。言い換えれば,IFRSに対するカーブアウトあるいはエンドースメントを活用することで,会社法との調整を図ることができる可能性がある。

第6節 小括

　本章では,会計の国際標準化が企業経営に与える行動の分析の一環として,IFRSの導入が配当可能利益にどのような変化を与え,またそのような変化が企業の配当行動にどのような影響を与えるかを検討してきた。理論的な検討からは,株主の配当に関する影響力が強い。この意味で配当圧力が高い企業は,IFRSの導入を契機として,単に配当可能利益の算定方法の変化によって配当を変化させるのみならず,配当可能利益そのものを拡大しようとする(ある種の「益出し」行動)という可能性を示唆した。このような可能性をフランスとイギリスの上場企業を対象として検証した結果,統計的な有意性は限定的ではあるものの,配当圧力の高い企業は潜在的配当可能利益を配当可能利益に変え,配当をしようとしていること,IFRSの導入は配当圧力の高い企業においてこのような行動を誘発する契機となるという仮定に整合的な結果が得られた。また,このような結果についてフランスとイギリスでは大きな差はなく,この結果はフランスの会計基準が配当規制としてある程度機能していることを示唆しているものと捉えられた。

　そして,このような結果を踏まえた考察からは,企業が潜在的配当可能利益を配当可能利益に変えようとする行動はある種の会計上の操作を引き起こす可能性があること,この問題に対応する1つの方法として,会計上の利益計算と配当可能利益の計算をある程度切り離し,会計上利益となっていなく

ても配当を認めるという方法があること,また,上述のような問題に対応するためには会社法だけでなく,会計基準を利用することもある程度有効であること等が示された。

　以上述べてきたことをまとめれば,会社法が定める配当可能利益の計算と会計上の利益計算とは異なるものであり,そもそも一致させる必要がなく,またこの2つをある程度切り離し,IFRSをローカルに適用する段階での調整と,会計上の利益から配当可能利益を計算する段階での調整の両方を行うことで,ある程度の整合化が達成できるのではないかということになる。IFRSの利益計算をそのまま配当可能利益の計算にすることはもちろん適切ではないが,一方でIFRSを完全に排除することもおそらくできないだろう。このような状況においては,会計基準と配当可能利益の計算をある程度独立なものとしながら調整することが望ましい方法と考えられる。

参考文献

Baker, M. and J. Wurgler (2004a) A Catering Theory of Dividends, *The Journal of Finance* 59 (3):1125-1165.
Baker M. and J.Wurgler (2004b) Appearing and Disappearing Dividends: The Link to Catering Incentives, *Journal of Financial Economics* 73:271-288.
Bhattacharya, S. (1979) Imperfect Information, Dividend Policy, and The Bird in the Hand Fallacy, *The Bell Journal of Economics* 10 (1):259-270.
Black, F. (1976) The Dividend Puzzle, *Journal of Portfolio Management* 2 (2):5-8.
Cambell, J., M. Lettau, B. Malkiel, and Y. Xu (2001) Have Individual Stocks Become More Volatile? An Empirical Exploration of Idiosyncratic Risk, *The Journal of Finance* 56 (1):1-43.
Cohen, D. A. and P. Zarowin (2010) Accrual-based and real earnings management activities around seasoned equity offerings, *Journal of Accounting and Economics* 50:2-19.
DeAngelo, H., L. DeAngelo, and R. Stulz (2006) Dividend policy and the earned/contributed capital mix: a test of the life-cycle theory, *Journal of Financial Economics* 81:227-254.
Easterbrook, F. (1984) Two Agency-Cost Explanations of Dividends, *The American Economic Review* 74 (4):650-659.

Fama, E. and K. French (1998) Taxes, Financing Decisions, and Firm Value, *The Journal of Finance* 53 (3): 819-843.

Grossman, S. and O. Hart (1986) The costs and benefits of ownership: A theory of vertical and lateral integration, *Journal of Political Economy* 94 (4): 691-719.

Grullon, G., R. Michaely, and B. Swaminathan (2002) Are Dividend Changes a Sign of Firm Maturity?, *The Journal of Business* 75 (3): 387-424.

Healy, P. M. and J. M. Wahlen (1999) A Review of the Earnings Management Literature and Its Implications for Standard Setting, *Accounting Horizons* 13 (4): 365-383.

Hoberg, G. and P. Nagpurnanand (2009) Disappearing Dividends, Catering, and Risk, *The Review of Financial Studies* 22 (Issue 1): 79-116.

Jensen, M. (1986) Agency Cost Of Free Cash Flow, Corporate Finance, and Takeovers, *American Economic Review* 76 (2): 323-329.

Lang, L. and R. Litzenberger (1989) Dividend announcements; Cash Flow Signaling vs. Free Cash Flow Hypothesis?, *Journal of Financial Economics* 24: 181-191.

Li, W. and E. Lie (2006) Dividend changes and catering incentives, *Journal of Financial Economics* 80: 293–308.

Myers, S. and N. Majluf (1984) Corporate Financing and Investment Decisions When Firms Have Information That Investors Do Not Have, *Journal of Financial Economics* 13: 187-221.

Miller, M. H. and F. Modigliani (1961) Dividend Policy, Growth, and the Valuation of Shares, *The Journal of Business* 34 (4): 411-433.

Nobes, C. and R. Parker (2010) *Comparative International Accounting*, 11th edition, Prentice Hall.

Piot, C., P. Dumontier, and R. Janin (2011) *IFRS consequences on accounting conservatism within Europe: The role of Big 4 auditors*, Working paper available on www.ssrn.com.

Ross, S. (1977) The Determination of Financial Structure: The Incentive-Signalling Approach, *The Bell Journal of Economics* 8 (1): 23-40.

Schipper, K. (2003) Principles-Based Accounting Standards, *Accounting Horizons* 17 (1): 61-72.

Sunder, S. (2009) IFRS and the Accounting Consensus, *Accounting Horizons* 23 (1): 101-111.

Sunder, S. (2010) Adverse effects of uniform written reporting standards on accounting practice, education, and research, *Journal of Accounting and Public Policy* 29 (2): 99-114.

Ito, K. and T. Kochiyama (2014) Does Comprehensive Income Influence Dividends? : Empirical Evidence from Japan, *Working Paper (Hitotsubashi University)*.

石川博行 (2007)『配当政策の実証分析』中央経済社.

石川博行 (2010)『株価を動かす配当政策:コロボレーション効果の実証分析』中央

経済社.
伊藤邦雄（1996）『会計制度のダイナミズム』岩波書店.
伊藤邦雄（2011）「包括利益開示の意義・影響・課題」『企業会計』63（3）：378-388.
伊藤邦雄（2013）「IFRSと会社法をめぐる論点」『企業会計』65（5）：18-27.
伊藤邦雄・古賀智敏・吉見宏・西川郁生・野村嘉浩（2013）「新春座談会　会計・監査の将来像を探る」『企業会計』65（1）.
乙政正太（2004）『利害調整メカニズムと会計情報』森山書店.
加賀谷哲之（2004）「連結決算中心主義と配当政策」『企業会計』56（4）：593-601.
加賀谷哲之（2012）「IFRS導入が日本企業に与える経済的影響」『国際会計研究学会年報』臨時増刊号：4-22.
櫻田譲（2000）「回帰分析による配当制限規定の比較：わが国商法の配当制限に関する諸問題」『研究年報経済学』62（2）：155-174.
櫻田譲（2002）「配当実施企業の税効果会計早期適用に関する実証研究：わが国商法の配当制限構造に関する諸問題のひとつとして」『研究年報経済学』63（4）：119-140.
宮川壽夫（2013）『配当政策とコーポレート・ガバナンス　株主所有権の限界』中央経済社.
森脇彬編（2002）『日本企業の配当政策』中央経済社.
弥永真生（1993）「未実現評価益と配当規制」『企業会計』45（11）：91-96.
弥永真生（2008）「コンバージェンスと受容―金融商品取引法・会社法の観点から」『企業会計』60（4）：60-68.
弥永真生（2009）「IFRSと会社法」『企業会計』61（5）：61-67.
弥永真生（2011）「コンバージェンスとアダプション」『企業会計』60（4）：22-26.
弥永真生（2013）『会計基準と法』中央経済社.
弥永真生（2013）「連単財務諸表のIFRS適用による分配規制への影響」『企業会計』65（5）：28-37.
葭田英人（2004）「配当規制における配当財源の可否」『琉球法学』71：73-99.
吉原和志・岸田雅雄・伊藤邦雄（1986）「シンポジウム　企業会計法の新たな方向を求めて：規範と実態の融合」『企業会計』38（9）：113-132；38（10）：113-118.
吉原和志（1986）「財務比率による配当規制の有効性：実証的研究の試み」『企業会計』38（10）：118-121.
渡部美紀子（2001）「未実現評価益の配当可能性を巡って」『研究年報経済学』63（1）：113-126.

第6章

監査：
国際標準化が
監査人の行動にもたらす影響

第 1 節　問題の所在

　会計の国際標準化の手段として取り上げられる IFRS は，投資家への情報提供の重視，資産・負債アプローチの採用，原則主義，公正価値評価への強い志向など，これまで一般的であった費用・収益アプローチを前提とする会計基準とは異なる特徴をもつことは前章までに述べたとおりである。これらの特徴を前提とすれば，そのような会計基準を実際に適用して財務諸表を作成し，また作成された財務諸表に対して監査を行う局面において，監査人あるいは企業には従来とは異なる対応が必要となる。

　とりわけ，監査人や財務報告を作成する企業との関係において重要であるのが原則主義である（Nobes 2005；Benston et al. 2006a, 2006b など）[1]。従来の会計基準は特定の会計処理について明確な基準を示しており（いわゆる bright line），それがさらに解釈あるいは適用指針において具体化されていた。しかし，IFRS においてはそのような明確な基準はかえって会計操作の可能性を高めるという考え方から，IFRS は会計処理の原則のみを示すものとされ，解釈指針（IFRIC Interpretations および SIC Interpretations）は存在しているものの，公表数や頻度などを鑑みるに，扱う範囲は限定されている。このような基準の下では具体的な基準の適用は一義的には企業に，最終的には専門家たる監査人に委ねられることになり，とりわけ監査人の判断の比重が高まることになる（Benston et al. 2006b）。AAA（2010）でも，IFRS を米

---

[1] IFRS が原則主義で，USGAAP や JGAAP が細則主義として単純化されて議論される論調もあるが，実際には，詳細な規定がなくプリンシプルベースの規定しかない規程を原則主義としている（Schipper 2003 など）。本章では IFRS を原則主義という文脈で取り上げるが，これは一般的に IFRS における規程がプリンシプルを定めることが多いことからこのような対比の仕方をする。実際には，コンバージェンスの結果，公正価値評価のように IFRS において基準の精緻化が進んでいたり，また各国基準で規定が設けられていなかったりする項目は存在するので，全面的にこの対比が当てはまる訳ではない点には留意が必要である。

国企業へ導入するにあたり留意すべき課題をコメントとしてまとめているが，この中で，IFRSの採用では，監査の役割がより重要になること，また適用に際しての監査人の判断について注目すべきであることを提言している。このことは，結果としてその作成した財務諸表が訴訟において問題になる場合に監査人が責任を負う範囲を拡大させることになり，監査人にとっての監査のリスクを高めることになり，日本でも同様の問題に直面する (Marden and Brackney 2009；内藤 2010)。

また，いうまでもなく，上記のことは企業の説明責任を拡大することにもつながるため，企業はIFRSの下で財務諸表を作成する際に注記という形で自らの判断がいかに基準に基づいているかを説明することになり，監査人もそのような注記まで含めてその妥当性を検証する必要が出てくる[2]。この結果，監査対象範囲は増大し，結果として監査人の業務内容は質・量ともに拡大することになる。

ゆえに，このような状況に対して監査人あるいは企業がいかに対応するか，またそこにはどのような問題があり得るのか，という点はIFRSをすでに導入している欧州各国，そしてIFRSの採用に向けての方法論を探るわが国においても同様に大きな問題となるものと思われる。

そこで，本章では，従来の細則主義に基づく会計基準（rule-based accounting standards）から原則主義に基づく会計基準（principle-based accounting standards）に変化したときに，監査人はどのように対応するのかを検討していきたい。本章では，この検討課題に対して，監査人は原則主義における裁量の範囲の拡大と責任の拡大に対応するために，何らかの具体的な基準に依拠して行動しようとするのではないかという見方を提示する。

---

[2] IFRSを導入したEU企業の注記の量が日本企業の増加傾向にあることをデータにより示したものに加賀谷（2011, 8）がある。またIFRS導入により見られる注記量の増大は不要な開示をもたらしているのではないかという新たな議論をもたらし，ニュージーランドや欧州各国を中心に検討がなされている（ICAS-NZICA 2011；FRC2011）。

この上で，監査人が判断を行う際に具体的に依拠する基準として，他の参照可能な会計基準，各国が独自に定める解釈・適用指針，監査法人の間での明示的もしくは暗黙の合意（共有された解釈），各監査法人が独自に定めるルールという4つの類型を提示し，それぞれの類型における監査人の行動とそこにおける問題点を整理する。また，そのような整理を踏まえて，原則主義の下では監査人の判断の幅が広がるという見方に対して，監査人の側で上のような形で何らかの基準に依拠して判断を行おうとする結果として，実際に利用される基準（standard in use）が形成されるため，必ずしも判断のばらつきが広がるとは限らないことを指摘したい。すなわち，細則主義から原則主義への変化は，拠り所が少なくなるという点で原則主義への変化による監査のばらつきの拡大をもたらす可能性があるが，実際に利用されている基準がどのように変化するかによって，監査人の判断がどのようにばらつくかが決まってくるために，必ずしもばらつきが拡大するとはいえないのではないかという問題意識を先行事例の検討や現行での実務での対応に照らし合わせて検証していくことにしたい。

　本章の貢献は以下のとおりである。まず，原則主義の下での監査人の行動を検討し，監査人が実際には何らかの基準に依拠して行動することを指摘し，具体的にどのような基準に依拠して行動するかについて検討した点である。次に，IFRSの導入により監査人の裁量が拡大し，監査人にとっての大きな負担になるという見方に対して，実際には監査人は何らかの基準に依拠するために，IFRSの導入によっても，監査人が実際にその裁量を行使するわけではなく，基準を設定することでその責任を回避しようとすることを示したことである。

第2節　先行研究の検討

　そもそも，原則主義の会計基準の導入は，具体的にいかなる影響を監査人に与えるのだろうか。会計基準設定のスタンスが米国会計基準に代表される細則主義の会計基準からIFRSに代表される原則主義の基準へと移行した場合，監査人の行動も当然に変化することが予想される。この点に関する先行研究として，原則主義の会計基準について監査との関係を扱ったものを以下で紹介する。

1．海外における先行研究

　まず海外に目を向けると，原則主義に基づく会計基準と監査の間の関係という観点では次のような研究が見られる[3]。

　まず詳細な会計基準に基づかない会計処理に基づく判断が求められる場合，Trompeter（1994）では，54名のパートナーを使った実験研究により，選択できる会計上の手続に幅があるときには，監査人はクライアントの積極的な財務報告（aggressive reporting）に対する圧力に抵抗することが難しくなることを指摘している。Knapp（1987）では経営者とのやり取りの際に，論点がテクニカル・スタンダードにより網羅されている場合に，監査委員会が監査人のサポート側に回る傾向があることを報告している。この点は，テクニカル・スタンダードが少ない原則主義の会計基準においては，監査委員会は必ずしも監査人をサポートしないことを示唆している。加えてMagee and Tseng（1990）では監査報酬と監査人の独立性，そして会計基準の3者の関係をモデル化し，会計基準の記載が詳細であると，当該会計上の論点に

---

[3]　IFRSと監査に関する先行研究の整理については，AAA（2003），AAA（2010）によるサーベイが参考になる。

関して監査人側での意見の差異がない(すなわちすべての監査人が同じ意見をもつ)ために「オピニオン・ショッピング」の危険が減少することを示している。また Nelson et al. (2002) では,会計基準が明確な基準を提示しない場合には,クライアントは会計基準を利用するような利益操作は行わず,監査人も認めようとしないが,一方で会計基準が不明確であることを利用するような利益操作をクライアントは行おうとし,監査人も認める傾向にある。

ほかにも Gibbins et al. (2001) は,フレキシブルな会計基準は監査人とクライアントのよりいっそうの対立をもたらし,結果的に従来を上回る交渉の労力を要することになることを指摘した。

以上をまとめると,原則主義の導入により,監査人の裁量の範囲が広がることは,監査人の責任を拡大し,新たな監査手続きの開発を促す一方で,この裁量の範囲の拡大により,このような裁量に基づく経営者からの aggressive reporting の圧力が拡大し,あるいはクライアントを説得するための労力が増大する可能性があるということになる。

このように IFRS のような原則主義による会計基準を適用した場合の影響を検討すべく,現実に IFRS を適用している企業データを用いた利益操作 (Earning Management) もしくは利益の質 (Earning quality) を扱った研究は近年増えている[4]。また欧州における会計上の保守主義の適用と,大手監査法人[5]の監査との関係を扱ったもの (Piot et al. 2011) がある。

2. 日本における先行研究

日本では IFRS 適用の企業数は徐々に増えてはきているものの,まだ上場

---

[4] 例えば Barth et al. (2008) など。実証研究の領域での IFRS の評価に関しては大日方 (2007) のサーベイを参照。
[5] Pricewaterhouse Coopers, Ernst & Young, KPMG, Deloitte Touche Tohmatsu の4社を他の中堅監査法人とは規模の違いが顕著であることから,ビッグ4と呼ばれている。

企業の中で適用会社数はいまだ限られている[6]。このため，実際の適用結果について検討を行うのには不十分であることから，適用を仮定したケーススタディを設定し，具体的事例に関する監査人の判断について質問票に回答してもらうような形式がみられる。

まず黒川ほか（2009）で，財務情報作成サイドを対象に，利益情報の変容と監査・保証業務のあり方に関する質問調査を実施しており，また同様の内容調査に対象を変えて会計監査サイドである公認会計士に対して，調査を行い（内藤 2010），両サイドから検討を重ねている。この中では，IFRS 適用に際して，「個々の基準を個別企業に適用するための適用指針を策定することが肝要であり，監査人が果たす指導機能の役割が重大となる」という項目に対して，ほぼ9割の公認会計士が賛否のうち，そのとおり・どちらかというとそのとおり，という回答をしており，監査実務側での判断機能が求められることを認識している。また，IFRS 導入により，利益情報の質が変化していくのであれば，その変化に対応した監査手続の開発の必要性があると考えており，職業専門的判断がより多く求められる，という点に同意する会計士も9割超である。すなわち，監査基準と対をなす会計基準において，IFRS を採用するのであれば，従来の細則主義から原則主義への移行になり，確たる拠り所がなくなることから，専門家としての判断が求められる局面が増加すると理解されている。

古賀ほか（2010）は現場経験が長い監査人に特定の事例を提示し，原則主義の会計処理と，細則主義の会計処理で，判断が必要な事項に対する結論の対比を行っており，その中では原則主義によって監査人が経営者の意向に沿った報告をするバイアスを高めるとはいえないとしている。

---

[6]　東京証券取引所によると，IFRS 任意適用・任意適用予定会社数は任意適用会社が 37 社，任意適用予定会社が 9 社で，合計 46 社である（2014 年 10 月 17 日現在）。IFRS 採用予定会社数が 100 社を超える見通しとの報道がなされている（日本経済新聞 2015 年 3 月 4 日朝刊 1 面）。ただし全上場会社数を鑑みると，IFRS 非適用会社がいまだかなり残る現状がある。

このほかに公正価値会計を扱う際の監査人の責任（越智 2011），公正価値の評価データの分布特性と監査可能性（越智 2010a；2010b），などの研究がある。ここで紹介した先行研究で共通して示されているのは，原則主義に基づく会計基準の導入は判断の幅を広げることになり，監査の役割が重要になるという見方である。

第3節　監査判断の幅を拡散させないように機能している仕組み

1. 原則主義の会計基準に対する監査人の対応

　IFRSを適用した企業データを扱った実証研究や，監査人の対応について扱った先行研究は上記のとおりであるが，原則主義の下で監査人はどのように行動するかについて，監査人の判断過程にまで踏み込んだ研究はあまり見られない。ここでは，判断過程にまで踏み込んだ先行研究である Alexander et al.（2008）を参照しながら，原則主義の会計基準の下での監査人の行動について，基本的な考え方を提示しておきたい。

　原則主義の会計基準が導入された場合，監査人はどのように対応するか，改めて考察したい。すでに述べたとおり，原則主義の会計基準の下では監査人の裁量の範囲が拡大し，原則の適用については監査人の判断にゆだねられる状況が増える。

　これもすでに述べたとおり，このことは，監査のリスクが増大することを意味する。すなわち，具体的な会計処理に関しては基本的にはクライアントである企業側に責任があるとしても，ある会社の実務上の会計処理が基準に適応するかどうかの基準適合性の判断は監査人の責任となる。このため，原則主義の会計基準の下では，その後にある会計処理が問題となった場合に訴

訟や社会的非難の対象となるリスクは高まると考えられる。また，上で述べたように，原則主義の会計基準の下では，クライアントからの過度に積極的な報告（aggressive reporting）の圧力や，オピニオン・ショッピングといった問題が生じ得る。

　監査人の側では，このようなリスクや問題を回避するために，個別の状況に関してそのたびに判断するのではなく，何らかのより具体的な基準に基づいて判断しようとするだろう（Alexander et al. 2008；Schipper 2005）。何らかの基準をもってそれで判断しているのであれば，訴訟の際に自らの責任を否定しやすくなるであろうし，aggressive reporting の圧力にも対抗しやすい。また，オピニオン・ショッピングについても，例えばすべての監査法人が同じ基準を使って監査を行うのであれば回避できる。

　このような基準としてまず考えられるのは国際会計基準委員会による公式の解釈（後で述べる IFRIC interpretations および SIC interpretations）である。しかし，これらの公式の解釈は数も少なく，すべての局面に利用できるものではない。

　そこで，監査人としては，他の何らかの基準を利用する，あるいは基準を自分で作ろうとする動機づけをもち，後で具体例を添えて述べるようにそのような現象が確認できる。自分で作成する（例えば監査法人内部の基準として）というのは基準としては弱いように見えるかもしれないが，基準を明示することで（他の企業に対しても同様の基準で処理しているという意味で）訴訟の際に利用することもでき，aggressive reporting の圧力にも対抗できる。

　このような基準としてまず考えられるのが，すでに権威づけがなされている基準，端的には米国会計基準のような既存の会計基準である。後で述べるように，IFRS がそれ自体に規定をもたない問題について，米国会計基準を参照することを認めており，また実態として他国（特に US-GAAP）の会計基準も利用されている。このようなものがない場合に，次に考えられるのが，

各国において独自に定める解釈・適用指針である。ただし，後で述べるように，各国が独自に解釈・適用指針を作成することはいわばIFRSの「方言」を作り出すことになってしまうため，問題が生じる。そこで，このようないわば公式の解釈・適用指針に代わって利用される可能性があるのが，監査法人の間で明示的に，あるいは暗黙の裡に合意された解釈・適用である。これであれば，実質的には解釈・適用指針を作るのと大きくは変わらなくなる。ただし，監査法人の間で解釈・適用が異なり，必ずしも合意をしないという場合もあり得る。そのような場合でも，監査法人が独自の解釈・運用を定めることで，先に述べたように訴訟リスクやaggressive reportingの圧力に対応することができる。

すなわち，原則主義の会計基準であるIFRSを実際に適用しようとする際の基準となり得るものとしては，大別して①他の会計基準，②各国独自の解釈・運用指針，③監査法人間の暗黙あるいは明示的な合意，④各監査法人ごとの確立した解釈・適用の4つがある。

以下，各項目について具体例を交えて詳説する。

2. 会計判断の対応類型

(1) 既存の他の会計基準の利用

先に述べたように，監査法人が依拠する実際上の基準の中で最も可能性の高いものの1つが，米国会計基準のような既存の会計基準である[7]。

実際によく利用されているのが整備の質・量とも確立している米国会計基準である。まず，IFRSはその解釈・適用において，IFRSの規定および概念フレームワークに矛盾しない範囲において，「(IFRSに) 類似した概念フレー

---

[7] 例えばSchipper (2005, 104) では，IASBが詳細な適用ガイダンスの提供を行わなかった場合，監査人は何らかの指針，おそらく，米国会計基準や，特定の欧州国の会計基準に詳細なガイドラインを求めることになるだろうと指摘している。

ムワークを利用する」他の会計基準を利用することを認めており，この基準とは実際には米国会計基準を指すものと理解されている（国際会計基準第8号「会計方針，会計上の見積りの変更及び誤謬」para.12）[8]。

また実際，IFRS では詳細な規定がない部分では米国会計基準に準じた扱いが欧州ではよくなされている（Ernst & Young 2008）。特に収益認識の部分や，また業種別会計の基準の充実ぶりは米国会計基準においては大変顕著である[9]。

さらに，実務現場でも，IFRS に特定のガイダンスがない場合，一部の IFRS 報告企業は会計方針の設定にあたり，米国会計基準の規定を参照しているという実務が見られる[10]。

また，米国会計基準に限らず，原則主義の下で個別の判断の基準として各国の会計基準が利用されることはかならずしも珍しくはない。とりわけ，連結財務諸表を IFRS で，個別財務諸表を各国基準で作っているような国の場

---

[8] 概念フレームワークをもつ会計基準は US GAAP のみであることから，IFRS の当該規定で実質的に利用が認められているのは US GAAP のみである。すなわち「IFRS で特定の事象，取引やその他の状態が取り扱われていない場合には，IFRS の類似の事項や関連する事項について扱っている基準書及び解釈指針書の規定及び指針，ならびに概念フレームワークに反しない範囲において，米国会計基準を参考とすることが可能と考えられる」（新日本監査法人 2008, 83）。

[9] 米国会計基準で整備されている業種別会計基準としては，農業，航空業，請負業（建設・連邦政府），エンターテイメント（放送局，ケーブルテレビ，カジノ，映画，音楽），採取活動（鉱山，石油ガス），金融サービス（仲介および販売業者，預託および貸付，保険，投資会社，抵当銀行，権原設備），フランチャイズ，ヘルスケア，年金基金会計，不動産業，ソフトウェア，汽船会社などのカテゴリがある。日本の実務でも業種別に関しては蓄積が充実している US GAAP を参照することがよく行われている。例えば，映画に関しては，米国公認会計士協会（AICPA）の会計基準執行委員会（AcSEC）の意見書，SOP79-4 "Accounting for motion picture films; proposal to the Financial Accounting Standards Board to amend AICPA industry accounting guide Accounting for motion picture films" が整備されていたが，現在は ASC 926 エンターテイメント - 映画で体系化されている。またソフトウェアについては，SOP97-2 "Software Revenue Recognition" が出されており，現在 ASC985-605 "Software Revenue Recognition" で体系化がなされている。

[10] 例えば，単一の契約の下で複数の製品やサービスが顧客に提供されるような複数要素契約において，IFRS ではこの様な複数要素契約をどう会計処理するかに関する特定のガイダンスが提供されておらず，その結果，企業は独自の会計方針を設定しており，中には米国会計基準の規定を参照しているものもあるような事例がみられる（新日本監査法人 2010, 7）。

合には，各国基準で作成した個別財務諸表がIFRSに明確に矛盾しないかぎり，その個別財務諸表に基づいて連結財務諸表を作成するという形で各国基準が適用されている例が見られる[11]。

　米国会計基準等の他の会計基準が利用される理由としてまず挙げられるのが，これらの会計基準はこれまでの実践に基づいてすでにその解釈や適用が明らかにされているということがある。ゆえに，財務諸表を作成する企業や監査人にとって最も利用しやすい基準ということになろう。

　とりわけ，米国会計基準に関しては，すでに述べたとおり業種別会計基準が充実していることも利用のしやすさにつながっている。

　加えて，米国会計基準にはもう1つ，実際に利用される基準として使いやすい特徴がある。それは，複雑な会計処理の場合，会計基準の中に監査手続がセットになって構築されていることである。すなわち，どの国の会計基準を利用する場合でも，当該ルールの適用が妥当であるか判断する必要があるが，米国会計基準の場合はとりわけこの判断のプロセスを監査の手続として実施することが念頭に置いて設計されており，この会計基準適用の妥当性を判断するために，いかにその適用について検証するかについての記述が詳しくなっている[12]。

　米国会計基準では，「一般に公正妥当と認められる会計基準」(Generally Accepted Accounting Principles：GAAP) を構成する要素として，会計原則 (accounting principles) や会計実務 (accounting practices) を含むのみならず，それを適用する「手法 (method)」が基準の中に含まれている[13]。IFRSにおいても，「会計方針とは，企業が財務諸表を作成表示するに当たって採用する特定の原則，基準，慣行，ルール及び実務をいう。」(IAS 8, para.5) と

---

[11] Piot at al. (2010) では，IFRSを初度適用した欧州企業において，なるべく導入の影響を受けなくて済むように初度適用の基準が適用されたとの紹介がある。

[12] 詳細な会計基準であるがために，監査のプロセスで基準の運用について監査のプロセスで検証している。特に見積りを要する項目，例えば減損，ヘッジの有効性の判断，繰延税金資産の回収可能性などがあげられる。

第6章 監査：国際標準化が監査人の行動にもたらす影響

あり，適用手法も包含されていると解されるが，手法（method）の部分の記載は米国会計基準に比して圧倒的に少なく，また投資家への有用な情報を提供する一組の会計基準の開発が中心で，監査基準についての開発はIASBの活動の範疇に含まれていない。IFRSについては，作成基準（GAAP）と対になる行為基準にあたる「一般に公正妥当と認められる監査基準」（Generally Accepted Auditing Standards：GAAS）としては国際監査基準もしくは自国の監査基準に依拠することになるが，全般的にもともとの会計基準で整備された規定の内容が米国基準と比して量が少ないこと，またもともと会計基準自体の整備に特化していることから，会計基準の適用に必要となる実務対応の観点までは手当てがなされていない。ゆえに，監査基準を含んでいる米国会計基準を実際の基準として利用することが合理的になるわけである。

　なお，この点の違いからも，IFRS導入により監査人の負担と責任が増す，という指摘は的を射ているといえる。具体的なルールが存在しないことから現場の監査人が経営者と主張を離齬が生じる場合には，監査人側で経営者側の処理について指摘するケースが考え得るし，また経営者側にとっても，同様に監査人を説得する局面が生じ得ることになる。いずれにせよ，経営者との意見の相違がある場合に，主張の解決の際に困難に直面することになり，場合によっては監査人と経営者の間でのコンフリクトに発展する可能性もあろう。この際に，監査人に期待される指導的機能が高くなるが，その十分な発揮について懸念もある（例えばMarden and Brackney 2009；Trompeter 1994）。

13　AU410, Adherence to Generally Accepted Accounting Principles, para.2.「報告基準で用いられている『一般に公正妥当と認められる会計基準』の用語には，会計基準や会計実務のみならず，それらを適用するための手法も含まれると解釈される。報告基準の第一原則では，監査人による事実の言明を求めているのではなく，財務諸表がそれらの原則に準拠して作成されているかの意見の表明を求めている。」

(2) 各国ごとの解釈・適用指針

　上記で扱ったように依拠できる会計基準が存在する場合には，IFRSでも米国会計基準の参照が認められることから，補完的な扱いが可能であった。しかし，もしも参照できないようなケースについてはどうしたらよいのだろうか。すなわち，原則主義をとるIFRSでは詳しく決まらないような場合であり，判断を要する会計処理を実施するときに生じ得る状況と考えられる。IFRSにおける判断を要する会計処理の例としては，次のようなものがあげられる。

- キャピタルリースの識別（明確な数値基準がない）（IAS17）
- 確立された市場がない場合に，過年度の公正価値に関する評価についての検証（IFRS1の適用の際）
- 複合契約（multiple element arrangements）要素の公正価値を見積もりにボラティリティがある。US GAAPではVSOEについて検討する必要がある（IAS18）。
- キャッシュフロー報告書を作成するときの，利子費用と配当の分類（IAS7）
- 支配の概念と連結するか否かについての判断（IAS27）
- 資産化が求められる開発コスト（Development cost）の範囲についての検討（IAS36）

　このような状況に対応する1つの手段は，各国の会計基準設定主体あるいは会計士協会等において解釈・適用指針を作成することである。
　このような解釈・適用指針の作成は「単一で高品質な国際基準」を目指しているIFRSにとって，いわばIFRSの「方言」を認めてしまうことになりかねず，その単一性を損なう危険がある。このため，IASBはIFRS財団の下部組織であるIFRS解釈委員会（IFRS Interpretations Committee），旧国際

財務報告解釈委員会（International Financial Reporting Interpretations Committee：IFRIC）およびその前身である解釈指針委員会（Standing Interpretations Committee：SIC）の解釈のみを公式の解釈としている[14]。しかし，上記の解釈は必ずしも数が多いわけでもなく，これだけではさまざまな問題には対応しきれない。

このような状況から，実際には各国の会計基準設定主体や会計士協会が独自の解釈・適用指針を策定することがときどき見られる。

そもそも，各国がIFRSを自国の基準とする際には，IFRSを自国の基準とする，いわゆるエンドースメントの手続きをとることが一般的である。そうであるがゆえに，例えば各国の会計基準設定主体が，自国の基準としてエンドースされたIFRSについて，当該国の独自の解釈を提示することは起こり得る。また，それ自体はあくまで自国基準に対する解釈の提示であるため，それ自体は各国の権限の中ということになる。

また，実際のところ，各国固有の問題に関して各国が解釈をすること，および暫定的な解釈を出すことはIASBも認めている[15]。ただし，例えば何が各国固有の問題であり，何がそうでないのかという点は解釈の余地があり，実際には各国のガイドラインの中で必ずしも各国の固有の問題でない問題が入

---

[14] IFRS解釈指針委員会およびその前身のIFRIC, SICによる解釈は公式の指針（authoritative guidance）であり（Preface, para.15），IFRSを構成する一部であると理解されている（IAS1, para.7；IAS8, para.5）。

[15] "Charter - The IASB and other accounting standard-setters：Working together to develop and maintain global financial reporting standards," IASB, April 2014. http://www.ifrs.org/The-organisation/Advisory-bodies/Documents/Charter-IASB-Other-Accounting-Standard-Setters-April-2014.pdf .
　なお，この文書では，上で述べた2つの場合を除き会計基準設定主体は独自の解釈を出さないとしているが（para.51），その文言がどの程度の拘束性をもつのかは定かではない。また，この文書の前身にあたる文書が "Statement of best practice：Working relationships between the IASB and other accounting standard-setters," IASB, February, 2006. http://www.ifrs.org/Use-around-the-world/Documents/SOBPFebruary2006final.pdf であるが，ここでは1, 2の地域にかかわる問題について会計基準設定主体が独自の解釈を行うことは認められている（para.6.3）一方で，それ以外の場合に会計基準設定主体が独自の解釈をすることができるかについての明文の定めはなかった。

り込んでいる可能性がある。また，いうまでもなく暫定的な措置がいかなる意味で暫定的なのかも明らかではない。

各国の会計基準設定主体による解釈の例として，オーストラリアの事例が興味深い。オーストラリアでは，IFRSはオーストラリア会計基準審議会（Australian Accounting Standards Board：AASB）により国内基準化される。オーストラリアの国内基準はIFRSに加えていくつかの独自の基準をもっているが，この主な対象は政府や地方公共団体，非営利組織等であり，営利企業に関してはAASBの会計基準は，カーブアウトされているIAS26を除けば，IFRSと同じであるとされる[16]。

しかし，AASBは自国基準化されたIFRSの解釈について独自の基準・指針を出しており，その範囲は必ずしも自国固有の問題に限っていないように思われる。例えば，重要性（materiality）の概念に関しては，AASBはIFRS導入前の2004年に独自の基準を設定しており（AASB 1031 Materiality），2005年のIFRS導入後も改正は行ったものの維持されていた。しかし，2010年のIFRS概念フレームワークの改定により，この概念フレームワークを利用すればよいものとして当該基準を撤廃することとした[17]。

また，解釈指針についても，例えばAustralian Interpretation 1039 "Substantive Enactment of Major Tax Bills in Australia"は，税金資産・負債の計測に関連して，どの時点で租税関係の法案が実質的に制定されたかを定めるものであったが，これは他国にも起こり得る問題であり，オーストラ

---

[16] 正確には，IFRSを国内基準化する際に追加的な基準を設ける（例えばIFRS4を導入する際には，IFRS4を国内基準化するのみならず，追加的な国内基準を設けている），またいくつかの追加的なディスクロージャーの基準を設ける等の点においてIFRSとは異なっているが，以上は必ずしもAASBの会計基準がIFRSと矛盾することは意味しない。例えばIFRS財団も，上記のIFRS4に関する追加基準はIFRS4と矛盾しないと評価している。Jurisdictional profile - Australia 参照。

[17] "Explanatory Statement：Accounting Standard AASB 1031 Materiality"（Dec. 2013）http://www.aasb.gov.au/admin/file/content105/c9/AASB1048_ES_12-13.pdf
より詳細な経緯については，"Withdrawal of AASB 1031 Materiality"（AASB Exposure Draft ED243, Jun. 2013）pp.26-27（http://www.aasb.gov.au/admin/file/content105/c9/ACCED243_06-13.pdf）参照。

リアのみで独自の解釈指針を制定する理由がないとして2012年に廃止されている[18]。

しかし,これ以外の解釈指針の中でも,例えば通信会社における顧客獲得費用の資産化に関するAustralian Interpretation 1042 "Subscriber Acquisition Costs in the Telecommunications Industry"等,必ずしもオーストラリアのみに固有のものとは思われない解釈指針は見られる。このように,オーストラリアでは,必ずしも固有の問題に限らず,自国の基準とされたIFRSに対してしばしば独自の解釈・運用を行っている。

ほかにも,欧州では欧州証券市場監督機構(European Securities and Markets Authority:ESMA)が数は多くないが会計基準の解釈に関してガイダンスを出している。このような例としては,公的債務の評価等に関する"Public Statement:Sovereign Debt in IFRS Financial Statements"(Nov. 25, 2011, ESMA/2011/397)や金融機関による債務免除等の措置に関する"Public Statement:Treatment of Forbearance Practices in IFRS Financial Statements of Financial Institutions"(Dec. 20, 2012, ESMA/2012/853)をあげることができるだろう。これらの論点は必ずしも欧州固有のものとはいえず,この意味でIASBの立場とは必ずしも整合しないように見える。

また,ESMAはEU各国の当局によるIFRSに関する執行に関するデータベースを維持しており,そのデータベースに登録された事例の中で関係者の参考になりそうな事例における当局の決定の概要や決定の理由・背景等を公開している[19]。これらの決定は「一般的に適用可能な解釈を提供するものではない」とされてはいるものの,一定の解釈を示していることには疑いはなく,この意味で解釈・運用指針を実質的に示すものとなっている。

---

[18] "Amendment to AASB 1048 arising from the Withdrawal of Australian Interpretation 1039" (AASB Accounting Standard 2012-9, Dec. 2012) http://www.aasb.gov.au/admin/file/content105/c9/AASB2012-9_12-12.pdf.

[19] 例えば "Report:16th Extract from the EECS's Database of Enforcement" (Nov.18, 2014, ESMA/2014/1373).

また，中国では会計基準が国家の主権の範疇外で決定されることを危惧して，中国財政部が一定の影響力を維持すべく，いわゆる適用指針（ガイドライン的なもの）の策定がなされている[20]。このガイドラインの範囲は必ずしも明確ではないが，IFRSの運用にかかわる以上，各国固有の問題のみにとどまるとは考えにくい。

　以上述べてきたように，各国の会計基準設定主体等が独自の解釈・運用指針を策定することはあり得るし，このような場合には監査人はこれらの解釈・運用指針に基づいて監査を行うことができる。しかし，先に述べたようにこれらはIFRSの公式の解釈とはみなされず，IASBも各国に固有の状況以外に関して各国が解釈を行うことには否定的な態度であるため，このような解釈・運用指針は必ずしも多くはない。そこで，監査人独自の基準を定める必要が出てくる。

(3) 暗黙あるいは明示的な合意

　IFRSの解釈・適用において各国の会計基準を使うことができず，また各国独自の解釈・適用指針もない場合には，IFRSの解釈は最終的には監査人に委ねられることになる。しかし，先に述べたように監査人は訴訟リスクやaggressive reportingの圧力を最小化しようとするインセンティブも合わせ持つ。このための方法の1つが，暗黙の裡にまたは明示的に監査法人の間で解釈・適用について合意の形成を行うことである。

　これにはさまざまな方法があり得る。例えば，ある法人が行った解釈・適用の仕方を共有し，他の法人も同様の解釈・適用を行うかもしれない。このような解釈・適用の仕方が共有されてくると，会計士協会等が明示的なガイドラインにしようとするかもしれない（先に述べたように，IFRSに関しては各国固有の問題を除きこれは公式な解釈とはされないが，実際にはこのよ

---

[20] 中国において会計基準の制定を所管する財政部では，応用指南や企業会計基準講解・同解釈などの解釈指針・ガイドラインを策定している（企業会計審議会 2012；近藤 2011）。

第6章　監査：国際標準化が監査人の行動にもたらす影響

うな動きは起こり得る）。また，ある基準に関する租税当局の解釈・適用が監査人の解釈・適用に影響をあたえることもあろう。

なお，最終的には監査法人に共有される必要があるものの，同様の動きは財務諸表を作成する企業の間でも起こり得る。例えば，ある企業が財務諸表を作成する際に用いた（そして監査人も認めた）解釈・適用の事例を集め，それが共有されることで，暗黙の裡に解釈・適用に関する合意が形成されるかもしれない。

例えば，日本の実務を見てみると，明示的には各種組織体の合意や会計基準設定主体ではないが公的組織の見解（官公庁の見解や業界団体の取り決めなど）のような形で合意が形成される。一方で，日本公認会計士協会で定期的に行われている監査事例研究会や，監査人の間での情報交換，あるいは作成者側での情報交換のために自発的に形成された勉強会のような場で暗黙・明示的な合意形成として機能する現状も見られる。

それでは，IFRS を適用している国々ではどうだろうか。これらの国々の状況を見てみると，日本と同様に，何らかの形で監査法人間や企業間で明示的あるいは暗黙の合意が形成されていることが分かってくる。

その例としてまずあげられるのは，会計基準設定主体ではなく各国の会計士協会による運用指針やガイドライン等であろう。例えば，イングランド・ウェールズ勅許会計士協会（Institute of Chartered Accountants in England and Wales：ICAEW）は 2008 年に重要性の判断に関する TECH03/08 "Guidance on Materiality in Financial Reporting by UK Entities" を出している。ただし，これは先の各国ごとの解釈・運用指針に近いものであり，また ICAEW がこのような解釈指針と見られるものを出している例は珍しい。

また，カナダ会計士協会（Chartered Professional Accountants of Canada：CPA Canada）[21] は，IFRS に従って財務報告を行う際のガイダンスを会計基準ごとに作成している[22]。内容としては各会計基準や IFRIC 等の解釈の解説と当該会計基準に関する事例の紹介となっており，あくまで解釈で

165

はなくガイダンスであるという姿勢は崩していないが、一方で各社の事例を紹介することにより、上で述べたように暗黙の裡に解釈・適用に一定の方向性を与えている。

次に、このような形ではない監査法人間の合意に関しては、それを明示的に物語る資料は少ないが、例えば日本経団連・公認会計士協会等によるオーストラリアでのIFRSの導入・適用に関する調査報告を見ると[23]、「ビッグ4それぞれがロンドンにシンクタンクをもっており、ビッグ4の間では主要な問題点については見解が統一されている。また、監査事務所のオピニオン・ショッピングの問題は、ビッグ4の間では生じていない。」との記述が見られ、少なくともいわゆるビッグ4[24]の間では暗黙の合意が形成されていることが示されている。もう少し正確にいえば、以上の記述は監査法人のグローバルネットワーク内での統一が行われており（監査法人内の問題については後述）、かつそのような監査法人ごとに統一された解釈・運用について、監査法人間で見解が統一されていることを示唆している。

実際には、後のソフトウェア会計の例が示すように、必ずしもすべての論点についてビッグ4の間で合意が形成されているわけではないのだが、主要な論点について大きな差があれば、それはオピニオン・ショッピングやあるいは監査法人に対するaggressive reportingの要求の強化につながるおそれがあり、さらには訴訟の際に不利に働く可能性もある。このため、主要な論点についてはすり合わせを行っているのはそれほどおかしなことでもない。

以上は監査法人間の合意のケースだが、先に述べたように合意に関しては作成者である企業の方での解釈・適用の事例が共有されることでも形成され

---

[21] カナダにおける会計関連資格の統合を目的として、2013年1月にカナダ勅許会計士協会（Canadian Institute of Chartered Accountants：CICA）とカナダ管理会計士協会（Society of Management Accountants of Canada：CMA Canada）により設立された団体。
[22] Guide to International Financial Reporting Standards in Canada.
[23] 日本経団連企業会計部会・日本公認会計士協会・財務会計基準機構／企業会計基準委員会（2009）。
[24] 前掲・注4参照。

得る。このような事例としては，例えばドイツでは経済団体において適用に関する意見交換が行われることが報告されている[25]。

　以上はあくまで断片的な証拠に過ぎないが，監査法人間あるいは企業間で暗黙あるいは明示的な協調が実際にさまざまな形で存在していることがうかがえるだろう。

　ただ，後でみるように監査法人の間で必ずしも合意がとれるとは限らず，実際に若干異なる基準により監査が行われることもある。そのような場合であっても，監査人は自身でマニュアルなどを整備し，基準を統一することで，原則主義の下での責任の拡大に対応しようとするであろう。これが次に見る監査法人ごとの確立した解釈・運用である。

(4) 各監査法人ごとの確立した解釈・適用

　監査人がIFRSの解釈・運用に関して判断を求められるような状況において，以上述べてきたような判断の基準，すなわち他の会計基準や各国ごとの解釈・運用指針，あるいは監査法人間の明示的あるいは暗黙の合意が使えない場合には，基本的には監査人は自ら判断を行うしかない。しかし，そのような場合であっても，監査人としてはそれにより発生する可能性のある訴訟リスク等をできるだけ回避しようとするだろうし，作成者との関係においてもaggressive reportingを回避できるような何らかの方法を必要とするだろう。

　そのような場合の対応としては，監査法人あるいは各監査人は独自に会計基準のルールを定め，それを適用するということが考えられる。すなわち，例えば法人内部の基準として確立しているのであれば，訴訟にも対応しやすく，また作成者に対しても法人としての基準を明示することでさまざまな圧力を回避することができるだろう。これがAlexander et al. (2008) でいうと

---

[25] 金融庁 (2012)。

ころの「監査人の GAAP」(Auditor GAAP) である。

　また，IASB の側でもこのようなマニュアルは国際会計基準第 8 号において利用することを認められている「その他の会計理論および受け入れられた実務 (other accounting literature and accepted industry practices)」の中に，監査法人が作成した監査マニュアルが含まれると認識している[26]。

　このような監査法人ごとの基準とはどのようなものであろうか。例えば，Big4 のような大手監査法人のグローバルネットワークにおいては，各監査法人で詳細な監査マニュアルが作成されている。これは会計基準の解釈に関する部分のみならず，品質管理基準や，重要性の基準値算定に関する事項を含む膨大なものである[27]。

　このような監査法人内の基準は事務所内の研修会のような形で情報共有が行われる。例えば，Big4 のメンバーである日本の監査法人やあるいはその他の大手の監査法人では，監査繁忙期（通常は 3 月決算対応前）に入る前に，法人内で決算説明会を開催して新規会計基準や指針の新規導入に関して，基準では定められていない部分や，判断を要する処理について扱いを統一する。大抵これらは事務所内必須研修として指定されているため，ここでの周知が社内に徹底される仕組みになっている。

　また，監査に対する審査についても，Big4 はいずれもネットワークファーム全体で整合性のとれた審査制度を構築している。

　ただし，一方でこれは Big4 の間では，同様の事象に関して必ずしも同じ判断が行われるとは限らないことを意味する。実際，日本におけるある事象に関する会計処理について，日本にある Big4 の各メンバーの間では判断が似

---

[26] IFRS Staff Paper "Conceptual Framework : Transition and effective date"（July 2014, Agenda Paper 10I）では，監査法人により作成された監査マニュアルの利用が上記の IAS8, para.12 で認められているとしている（para.25）。http://www.ifrs.org/Meetings/MeetingDocs/IASB/2014/July/AP10I-Conceptual%20Framework.pdf

[27] なお，このうち会計基準やその解釈に関する項目については，ホームページで公開している監査法人もある。

通っていたとしても,グローバルでの基準に照らして判断した場合に,Big4 の間で判断が異なり得るためである[28]。

このように,ある事象に関して,監査人の判断の帰結が収束せず,監査人ごとの判断で結果が離散する(すなわち処理が異なる)という現象は,特に意見が異なり得るような例えば「見積りの監査(accounting estimation)」に関する判断で起こり得る。

ここでは,このような例として,IFRS の例ではないが,US GAAP におけるソフトウェアに関連する複数要素取引の公正価値の見積もりの事例を見てみよう。

US GAAP では,監査上の見積もりの要素が入る項目について扱った,SAS57 号「会計上の見積りの監査」(1988 年)が公表されている[29]。そこでは,会計上の見積りについて,1)すべての重要な会計上の見積りが実施されていること,2)その見積りが合理的であること,3)それが適用される会計原則に準拠して表示され適切に開示されていること,の3点について,合理的な保証を得るのに適切かつ十分な監査証拠の入手を求めている[30]。

また,USGAAP では,ソフトウェアの収益認識において,複数の要素(ソフトウェア製品,アップグレード/機能強化,契約後の顧客支援)といった

---

[28] 例えば,日本の厚生年金基金の代行返上の会計処理について,SEC 基準採用企業が処理した際に Big5(当時)の判断が必ずしも同じではなかったことが指摘されている(金融庁,企業会計審議会,企画調整部会議事録,2002 年 4 月 1 日開催,加藤委員発言)。同様の経済事象に対して異なる解釈が出されるのは違和感があるところであるが,ネットワークファーム間での品質管理手続を見ると,日本の監査法人が米国基準で意見表明を行う場合には,ネットワークファーム内で最終的に監査意見形成についての権限をもつ部署の承認を受ける必要があり,これらの部署同士が情報共有を行わないかぎり,異なる会計処理が出てくるのは当然の帰結である。

[29] 加えてこの基準書の内容についての実務上の指針を示した AICPA 公表資料(1998)「見積りおよびその他ソフト会計情報の監査」では,経営者による見積りの仮定の合理性およびプロセスの信頼性を評価するために,見積りの合理性の評価に係る監査手続を示している。

[30] そして,ここでの見積りの合理性を評価するためには以下の手続を行う必要がある。
①経営者による見積りのプロセスに対するレビューとテスト
②監査人による独自の見積りの実施
③決算日以降に発生した事象または取引のレビュー

複数要素が含まれている場合には，各要素について契約の中で個々の価格が明示されているかどうかにかかわらず，公正価値に関する各ベンダー独自の客観的証拠（Vendor-Specific Objective Evidence：VSOE）に基づいて，収益を各要素に分割しなければならない。すなわち，複合取引の会計処理において，US GAAP では VSOE が必要になるのである。

ここで特に難しいのが，契約後の顧客サポートサービスにかかる販売公正価値の客観的証拠（VSOE）を確立する判断基準である。US GAAP では，ベンダーが行う補修やサポートといった複合契約の収益計上に際して，その収益計上額を提供するサービスごとに識別して計上することが求められている。この計上額を証明する証拠が VSOE になる。

このソフトウェアに関する顧客サポートサービスの公正価値の VSOE については，大きく①ベル形曲線アプローチ（Bell-Shaped Curve Approach）と②重要な更新料アプローチ（Substantive Renewal Rate Approach）の2つのアプローチがあることが知られているが，そのうちどちらを使うか（あるいは両方を利用する）については監査法人間で異なっていることが指摘されている（Alexander et al. 2008）。

なお，ソフトウェアの収益認識における VSOE の場合は，各法人が後だしジャンケン的にクライアントに会計処理の指摘をすることがないように，事前に会計マニュアルを各法人が HP で公表しており，各利害関係者が入手可能にして事前に判断方針を周知する手立てをとった。これらの各法人が定めた，いわゆる Auditor GAAP に相当するものについては，運用にあたり，こういった事前周知の形をとることで，公正性を保っているといえる。

第4節　小括

以上を整理すると，以下のようにまとめられる。

① IFRSは従来の会計基準と比較して，経営者の裁量の余地が大きいと考えられる。ただし，そのような裁量が実際に行使できるかどうかは，監査人の判断による。
② そのような会計基準に対しては，監査人は自らの判断の範囲が広がったことにより生じるリスクを避けるため，他国の会計基準や各国独自の解釈・運用指針を利用しようとする。そのようなものが利用できない場合には，各監査法人の間で明示的に，あるいは暗黙の裡に合意された解釈が存在すればそれに従うが，そのようなものが存在しない場合には各法人で解釈を定め，マニュアルを作成して監査を行うことにより，訴訟等のリスクに対応しようとする。

以上が意味することは，IFRSのような原則主義の会計基準を導入することにより，監査人の判断の範囲が拡大し，その結果としてある基準の解釈に関するばらつきが広がるとは限らない，ということである。解釈が監査人に委ねられているといっても，監査人もそのときどきで独自に判断するのは訴訟などのリスクが大きく，またaggressive reportingの圧力にさらされることになる。ゆえに，結果としては何らかの基準に依拠して判断しようとするだろう。もちろん，その基準は監査人ごとに異なり得るものであるが，実際には大きな論点については監査人同士合意しておく方が好ましいために，暗黙の裡に合意を形成しようとするだろう。さらに，各国の会計士協会や会計基準設定主体がガイドラインをだすこともあり得るし，また他国の会計基準が存在している場合もあるだろう。このように考えていくと，実際にはさまざまな形で実際に利用される基準（standard in use）が形成されるために，監査人の判断のばらつきはそれほど大きく拡大しないものと思われる。原則主義を教科書的に捉えれば監査人の判断の範囲とそれに伴う責任の拡大を意味するが，実際には必ずしもそうとはいえないのではないかということを示した。

参考文献

AAA's Financial Accounting Standards Committee (2003) Evaluating Concept-Based vs. Rules-Based Approaches to Standards Setting, *Accounting Horizons* 17 (1) : 73-89.

AAA's Financial Accounting Standards Committee (2010) A Research –Based Perspective on the SEC's Proposed Rule- Roadmap for the Potential Use of Financial Statements Prepared in Accordance with International Financial Reporting Standards (IFRS) by U.S. Issuers, *Accounting Horizons* 24 (1) : 139-147.

AAA Research Impact Task Force (2009) The Impact of Academic Accounting Research on Professional Practice : An Analysis by the AAA Research Impact Task Force, *Accounting Horizons* 23 (4) : 411-456.

Alexander, D., B. Eierle, and C. Hütten (2008) The Auditor as Standard-setter-some US evidence and its implications, *LA COMPTABILITE, LE CONTRÔLE ET L'AUDIT ENTRE CHANGEMENT ET STABILITE* , France.

Ball, R. (2006) International Financial Reporting Standards (IFRS) : Pros and cons for investors, *Accounting and Business Research*, International Accounting Policy Forum, pp.5-27.

Ball, R., A. Robin, and J. S. Wu (2003) Incentives versus Standards: Properties of Accounting Income in Four East Asian Countries, *Journal of Accounting and Economics* 36 (Issues1-3) : 235-270.

Ball, R., S. P. Kothari, and A. Robin (2000) The effect of international institutional factors on properties of accounting earnings, *Journal of Accounting and Economics* 29 (Issue1) : 1-51.

Barth, M. E., W. R. Landsman, and M. H. Lang (2008) International Accounting Standards and Accounting Quality, *Journal of Accounting Research* 46 (3) : 467-498.

Benston, G. J., M. Bromwich, and A. Wagenhofer (2006a) Principles- Versus Rules-Based Accounting Standards: The FASB's Standard Setting Strategy, *ABACUS* 42 (2).

Benston, G. J., M. Bromwich, R. E. Litan, and A. Wagenhofer (2006b) *Worldwide Financial Reporting: The Development And Future of Accounting Standards* : 39-48.

Cuccia, A. D., K. Hackenbrack, and M.W. Nelson (1995) The Ability of Professional Standards to Mitigate Aggressive Reporting, *Accounting Review* 70 (2) : 227-248.

Dechow, P. M., R. G. Sloan, and A. P. Sweeney (1995) Detecting Earnings Management, *Accounting Review* 70 (2) : 193-225.

Deloitte (2007) *Software Revenue Recognition*, A Roadmap to applying AICPA

Statement of Position 97-2.

Ding, Y., O. K. Hope, T. Jeanjean, and H. Stolowy (2007) Differences between domestic accounting standards and IAS: Measurement, determinants and implications, *Journal of Accounting and Public Policy* 26 (Issue1) : 1-38.

Ernst & Young (2012) *Software – Revenue recognition*, Accounting Standards Codification 985-605.

Ernst & Young (2011) *Revenue recognition – Multiple element arrangements*, Accounting Standards Codification 605-25.

Ernst & Young (2008) *Revenue Recognition Complexities*, Substantive Renewal Rate Approach to determining VSOE of fair value, EYG No.DC0046.

Financial Accounting Foundation (2011) Statement by the Financial Accounting Foundation Regarding the SEC's May 26 Update: Work Plan for the Consideration of Incorporating International Financial Reporting Standards into the Financial Reporting System for U.S. Issuers.

Financial Reporting Council in UK (FRC) (2011) *Cutting Clutter. Combating clutter in annual reports.*

Gibbins, M., S. Salterio, and A. Webb (2001) Evidence About Auditor-Client Management Negotiation Concerning Client's Financial Reporting, *Journal of Accounting Research* 39 (Issue3) : 535-563.

Hackenbrack, K. and M. Nelson (1996) Auditors' Incentives and Their Application of Financial Accounting Standards, *Accounting Review* 71 (1) : 43-59.

Hail, L., C. Leuz, and P. Wysocki (2010a) Global Accounting Convergence and the Potential Adoption of IFRS by the U.S. (PartI) : Conceptual Underpinnings and Economic Analysis, *Accounting Horizons* 24 (Issue3) : 355-394.

Hail, L., C. Leuz, and P. Wysocki (2010b) Global Accounting Convergence and the Potential Adoption of IFRS by the U.S. (PartII) : Political Factors and Future Scenarios for U.S. Accounting Standards, *Accounting Horizons* 24 (Issue4) : 567-588.

Institute of Chartered Accountants of Scotlands and New Zealand Institute of Chartered Accountants (ICAS-NZICA) (2011) *Losing the Excess baggage.*

Jamal, K. and H. Tan (2010) Joint Effects of Principles-Based versus Rules-Based Standards and Auditor Type in Constraining Financial Managers' Aggressive Reporting, *Accounting Review* 85 (4) : 1325-1346.

Jones, J. J. (1991) Earnings Management During Import Relief Investigations, *Journal of Accounting Research* 29 (2) : 193-228.

Kasznik, R. (1999) On the Association between Voluntary Disclosure and Earnings Management, *Journal of Accounting Research* 37 (1) : 57-81.

Knapp, M. (1987) An Empirical Study of Audit Committee Support for Auditors Involved in Technical Disputes with Client Management, *Accounting Review* 62 (3) : 578-588.

Kothari, S., A. Leone, and C. E. Wasley (2005) Performance Matched Discretionary Accrual Measures, *Journal of Acounting Economics* 39 (1) : 163-197.

KPMG (2007) *Software and Revenue Recognition: An Analysis of SOP 97-2 and Related Guidance*, Third Edition.

Magee, R. and M. Tseng (1990) Audit Pricing and Independence, *Accounting Review* 65 (2) : 315-336.

Marden, E. and K. Brackney (2009) Audit Risk and IFRS - Does Increased Flexibility Increase Audit Risk?, *The CPA Journal*.

Nelson, M., J. Elliott, and R. Tarpley (2002) Evidence from Auditors about Managers' and Auditors' Earnings Management Decisions, *Accounting Review* 77 (Supplement: Quality of Earnings Conference) : 175-202.

Nobes, C. W. (2005) Rules-based Standards and the Lack of Principles in Accounting, *Accounting Horizons* (March) 19 (1) : 25-34.

Piot, C., P. Dumontier, and R. Janin (2010) IFRS consequences on accounting conservation within Europe, *CAHIER DE RECHERCHE CERAG n 2010-14 E2*.

PwC (2013) Software Revenue Recognition A user-friendly guide for navigating through the many complexities, available at PwC Website.

Rubin, S. (1984) The house of GAAP, Professional Notes, *Journal of Accountancy* 157 : 122-134.

Schipper, K. (2005) The introduction of International Accounting Standards in Europe: Implications for international convergence, *European Accounting Review* 14 (1) : 101-126.

Schipper, K. (2003) Principles-Based Accounting Standards, *Accounting Horizons* 17 (1) : 61-72.

Sunder, S. (2010) Adverse effects of uniform written reporting standards on accounting practice, education, and research, *Journal of Accounting and Public Policy* 29 (2) : 99-114.

Sunder, S. (2009) IFRS and the Accounting Consensus, *Accounting Horizons* 23 (1) : 101-111.

Trompeter, G. (1994) The effect of partner compensation schemes and generally accepted accounting principles on audit partner judgment, *Auditing: A Journal of Practice and Theory* 13 (Fall) : 56-71.

Tweedie, D. (1988) True and fair v. the rule book: which is the answer to creative accounting?, *Pacific Accounting Review* : 4-17, in Parker, R. H., P. W. Wolnizer and C. W. Nobes (eds.) (1996) *Readings in True and Fair*, Garland, : 195-217.

Tweedie, D. (2007) Can Global Standards Be Principle Based?, *The Journal of Applied Research in Accounting and Finance* 2 (1) : 1-8.

United States Securities and Exchange Commission (2011) *Office of the Chief Accountant, Staff Paper*, Work Plan for the Consideration of Incorporating

International Financial Reporting Standards into the Financial Reporting System for U.S. Issuers – Exploring a Possible Method of Incorporation.
アーンスト・アンド・ヤング LLP 編／新日本有限責任監査法人監修・訳（2011）『US GAAP 収益認識の実務』中央経済社.
岡部孝好（2004）「市場の競争圧力と早期収益認識」神戸大学ディスカッションペーパー．
越智信仁（2009）「モデル公正価値監査の成立要件と限界領域－証券化商品評価における検証可能性の考察を通して－」『産業経理』69（3）：168-181.
越智信仁（2010a）「特集－IFRS 金融商品会計が変わる－非上場株式の公正価値測定と監査可能性－IFRS9 号の公表を踏まえて」『企業会計』62（4）：53-59.
越智信仁（2010b）「特別論稿－レベル 3 公正価値における未成熟モデル評価区分の識別－評価手法の硬度による測定・開示・監査上の差異」『税経通信』927：160-169.
越智信仁（2011）「IFRS による見積り拡大と経営者，監査人の責任・対応―重要性を増す裁量の判断過程への内部統制―」『金融研究』30（2）.
大日方隆（2007）「日本企業の利益情報の価値関連性―サーベイ：世界から見た日本」『MMRC Discussion Paper』（東京大学 21 世紀 COE，ものづくり経営研究センター），No.137.
大日方隆（2011）「IFRS と公正価値会計」『会計・監査ジャーナル』677：65-71.
金子晃（2009）『会計監査をめぐる国際的動向―監査の公正性，独立性および誠実性の促進のために』同文舘出版.
企業会計審議会（2012）「IFRS に関するアジア調査出張（中国）」（2 月 17 日開催資料），金融庁 HP（2014 年 10 月閲覧）.
金融庁（2012）『IFRS に関する欧州調査出張（フランス・ドイツ・EFRAG）調査報告書』.
黒川行治・内藤文雄・柴健次・林隆敏（2009）「企業内容開示制度において開示される利益情報が有すべき情報内容は何か―「利益情報の変容と監査・保証業務のあり方に関する調査」結果より―」『週刊経営財務』2911：41-50.〔第 2920 号に一部訂正記事有〕
黒川行治・浅野敬志（2010）「グローバリゼーションが経済環境・事業環境・会計の役割に与えた影響は何か―「利益情報の変容と経済社会のグローバリゼーションに関する調査」より―」『週刊経営財務』2963：52-59.
古賀智敏・奥三野禎倫・嶋津邦洋（2010）「『原則主義』対『細則主義』と監査人の判断形成」神戸大学経済経営学会『國民経済雑誌』201（4）：1-16.
近藤義雄（2011）平成 22 年度第 3 回中国研究会配布資料「中国の税制と会計の現状と課題」財務総合政策研究所，財務省 HP（2014 年 10 月閲覧）.
斎藤静樹（2013）『会計基準の研究（増補改訂版）』中央経済社.
新日本有限責任監査法人（2010）『IFRS outlook：国際会計実務の解説』8 月号.
新日本有限責任監査法人編著（2009）『完全比較国際会計基準と日本基準：国際会計の実務』レクシスネクシス・ジャパン.

高田敏文（2009）「監査判断の不確実性―伝統的統計理論の適用を中心として―」『商経学叢』56（1）.
内藤文雄（2010）「IFRSs時代の財務情報の開示と監査―「利益情報の変容と監査・保証業務のあり方に関する調査」結果より―」『週刊経営財務』2960：36-44.
内藤文雄・林隆敏・松本祥尚（2010）『国際監査基準の完全解説』中央経済社.
日本経団連企業会計部会・日本公認会計士協会・財務会計基準機構／企業会計基準委員会（2009）『国際会計基準（IFRS）に関する豪州調査報告』(https://www.keidanren.or.jp/japanese/policy/2009/091.pdf).
向伊知郎（2009）「原則主義による国際会計基準の設定と課題」『愛知学院大学経営学会』19（1）：35-44.
吉村貞彦・猪熊浩子・持田優子（2010）「財務諸表外情報の監査・保証の実務に関する検討」山崎秀彦編著『財務諸表外情報の開示と保証：ナラティブ・レポーティングの保証』同文舘出版.

第7章

会計士資格：
資格・教育のグローバリゼーションと各国資格との関係

第 1 節　問題の所在

　企業活動の国際化の進展は目覚ましく，クロスボーダー取引や電子商取引のように国境では線引きできない取引が増大している。一方で，企業の取引実態を映し出す役割をもつ会計基準や監査制度については，各国政府や職業団体が制度設計の任を負い，またその執行を担っている。
　いうまでもなく，会計・監査制度は企業の活動基盤を支える社会的インフラであり，企業の国際競争力を支える重要な役割がある。会計・監査制度をどのように設計するのかが国全体の競争力を左右することもある。
　そして会計・監査制度を構築する際には，制度を執行する会計プロフェッショナルの在り方も定めなければならない。本章では会計プロフェッショナルが必要とされる理由を情報の経済学の観点から整理するとともに，会計プロフェッショナルの発祥の地であるイギリスにおける会計職業団体の発展の経緯と，そのうち特に経済のグローバル化とともに近年急成長してきたイギリス発の国際的な会計職業団体 Association of Chartered Certified Accountants（以下，ACCA とする）の国際展開に基づき概観することを目的とする。さらに，国際化時代に直面しているわが国の会計プロフェッショナルに求められる役割について考察することも主眼とする。

第 2 節　会計プロフェッショナルの必要性

1．会計プロフェッショナルの資格制度と継続教育の必要性

　会計プロフェッショナルの資格にはいかなる意味があるのかを検討するにあたり，まず会計プロフェッショナルを養成するための資格試験と継続教育

の必要性について検討しておくことにする。

　一般的に，通常のサービスであれば，市場での競争をとおして合理的配分を達成することが期待できる。一方，会計プロフェッショナルなどの職業的専門家が提供するサービスは，通常のサービスとは財の性質が異なり，公共財の性格をもつことや，会計制度の複雑性から，市場メカニズムによる合理的配分が期待できない。

　職業的専門家による会計サービスの需給とその価格決定を，市場に任せることが望ましくないことの主たる理由は会計サービスが公共性を有することによる。すなわち，購入できるクライアントのみに会計サービスが偏在してしまう事態を避けるために，市場競争にその配分を任せることができないのである。さらに，会計制度が複雑すぎるために，サービスの質を消費者が（サービスを消費した後においても）評価できないという特徴ももつ。これらは会計プロフェッショナルによるサービスのみならず，例えば弁護士や医師によるサービスについても同様であり，このことが職業的専門家によるサービスの特質である。

　情報の経済学においてはこのような財は一般に信用財（credence good）と呼ばれている[1]。情報の経済学の創始者たちは[2]，財・サービスを下記のとおりに分類整理している。Nelson（1971）は，探索財（search goods）と経験財（experience goods）とを区別し，探索財は財・サービスの購入に先立ち，消費者が複数ある選択肢について品質など吟味・調査を行うことにより品質に関する情報を得ることができる対象物と捉えた。

　一方，経験財は，消費者が購買して財の品質について「経験」することで，財の評価を行い得る財を指す。この種の財は，探索によって品質に関する情

---

[1] 信用財（credence goods）の例としては，弁護士・会計士のような職業専門家のサービスだけでなく，医療手術，電化製品や自動車の修理，義務教育，クスリの調合などがあるとされている（Darby and Karni 1973 など）。
[2] 「情報の経済学」は，規制の経済学とともにスティグラーらにより創始された。Stigler（1961）など。

報を得ることができない，あるいは探索の費用が非常に大きいために，探索活動は意味をなさない。

続いて Darby and Karni（1973）は，Nelson の分類に加えて新たな類型として，信用財（credence goods）を提示した。信用財は，財を購入して「経験」した後においても，通常の利用では依然として財の評価が難しく，その価値を評価するためには追加的な費用を投じて情報を収集する必要があるとされている。経験財と信用財とを明確に区別することは難しく，特に財の利用によって品質を識別するのに相当程度の時間を要する場合はより困難となるとされている[3]。

身近な例としては，車の修理など，消費者とサービス提供者との間に情報の非対称性がある場合があげられている。車の修理工は十分な能力や知識をもっているが，消費者は十分な知識やノウハウがないために，修理に出して，そのサービスの提供を受けて車が戻った場合に，車が動くか動かないかによって修理の質を評価するしかなく，修理の質の内容について判断する十分な知識をもち合わせない。この状況を利用して修理工は必要のないサービスを勧める可能性や（過大なサービス提供），あるいは修理内容を過大に報告して水増し請求をするインセンティブも生じる可能性がある。

信用財の特性をもつサービスとしては，弁護士（法），公認会計士（監査）のほかにも医師（医療）などがある。いずれのサービスにおいても消費者あるいは関与者にわかることは，例えば裁判の判決，監査人の監査報告，あるいは治療の結果のみであり，医師による治療プロセスや，弁護士・会計士の判断プロセスについては一般にブラックボックスである。

---

[3] Darby and Karni（1973）が指摘しているとおり，本章における会計プロフェッショナルのサービスが信用財であるか，経験財であるかを区分するのは難しいが，本章では会計プロフェッショナルのサービスの質について「経験」するのみでは評価できるとは限らない点に鑑みて，信用財の側面を重視することにする。

2．資格制度の創出とその効果

　信用財はそのサービスの結果に基づいて評価がなされるのであるから，消費者はサービスの質について十分に考慮しない状況が生じる。このことは，提供される財の質（quality）と報酬（fee）との不釣り合いが生じる可能性が出てくることを意味する。それゆえ，信用財の需給と価格決定は市場の競争だけに委ねることができず，信用財をいかに提供するのか，あるいはいかに評価するのかが問題となる。

　加えて，高い品質が必要となるサービス（監査サービスや医療サービスのように技術的に難易度が高いサービス）は，その品質を消費者が判断できないことから，コストをかけてより高い品質のサービスを消費者に提供したとしても，そのことを彼らに理解してもらえず，価格が低く設定された場合，採算がとれなくなることから，やがてはサービスそのものが提供されなくなる状況も生じる。こうした問題を解決する方策の1つとなったのが資格制度の導入である。

　資格制度にはいくつかの効果がある。第一に，資格制度により，資格を保持するプロフェッショナルの能力水準は最低限保証されることから，社会の人々は安心して彼らのサービスを利用することが可能になる。第二に，資格を取得する前に一定の教育あるいは訓練が求められていることから，資格保持後に彼らがより高い水準のサービスを提供しようとする際の限界費用が小さくなる。サービスの消費者からみれば，資格保持者にサービス提供を依頼することにより高い水準のサービスを相対的に低い費用で受けることが可能になる。第三に，資格の取得に多額のコストがかかることから，資格保持者は資格を喪失するような行動をとりにくくなることが期待される。このように，資格制度は，プロフェッショナルのサービスの質を一定水準以下に下げない効果が社会的に期待されている。

　一方，資格制度があることにより当該サービス市場への新規参入が規制さ

れることになり，自由な競争が阻害される。例えば，公認会計士資格制度により，監査サービス市場に参入する者が一定数にコントロールされる。その結果，監査報酬が市場の需給を反映しなくなる。また，資格制度を監督官庁と職業団体が存続させようとすることから，市場のニーズに即応した資格制度の再構築がなされず，制度が硬直化する。こうした負の効果も認識しなければならない。

3. 資格が国家により権威づけを与えられるか，もしくは民間団体か

　資格制度は，社会の人々からの信頼性を担保するために，国家による承認，すなわち権威づけ（authorization）がなされることが多い。しかし，資格が必ず国家による権威づけを必要とするかというとそうではない。

　これまでの説明から明らかなとおり，資格制度の存立のための必要条件は，資格保持者が一定の能力を保持していることが保証されていることである。その条件が満たされることによって，資格保持者は円滑にそのサービスを提供することができ，報酬を得ることができる。この意味で，国家による資格の権威づけは，高い能力をもつプロフェッショナル（あるいは信用財の供給者）に対してのみ，排外的な特権を付与するだけである。

　したがって，資格を付与する手続（qualification process）は必ずしも国家が関与する必要はない。ただし，民間団体が資格付与をする場合には，当該団体は何らかの形で社会的な信用を獲得しなくてはならない（民間団体が社会的な信用を獲得できないのであれば，当該団体が付与する資格は意味をもたない）。民間団体の資格が国家による権威づけを利用することができない場合，彼らは，社会の人々（消費者）から付与する資格に対する信用を獲得する必要がある。民間資格に対する社会の人々からの信用は，民間団体が付与した資格の保持者自らが提供したサービスの結果の長年にわたる蓄積によって形成される。社会的な信用を確立した民間団体の場合，付与される資格に

かかるサービスの市場に寡占状態が発生し，価格が高騰することもある。そのような状態が発生すると，必要なサービスを社会の人々が広く利用できないことになり，何らかの対策が必要とされることになる。

資格制度は，プロフェッショナルサービスの需給・価格決定を市場に一任しない方法として多くの国で採用されてきた。資格制度，特に資格付与のプロセスに関しては，画一的な方法があるわけではない。その制度設計にあたっては，それぞれの制度のメリット／デメリットを比較検討し，ベストプラクティスを見極めることが必要である。

第3節　各国の会計プロフェッショナル資格に関する制度設計

近年の主要国の会計プロフェッショナルの資格制度は，各国政府がオーソライズする仕組みが採用されており，国際標準化はなされていない[4]。

米国の公認会計士資格であるいわゆるUSCPAをはじめ，イギリス，ドイツ，フランスでも，あるいは日本においても，会計プロフェッショナル資格は独自に構築されている。その具体的な制度のあり方は，日本のように資格試験から資格の承認まで国家が関与している制度がある一方，イギリスのように複数の民間職業会計士団体がそれぞれ資格試験の教育を実施し，教育課程の修了者に対して，やはり会計職業団体が資格を付与する制度も存在する。周知のように，イギリスでは，会計職業団体は勅許を獲得している。

日本の場合，公認会計士法により唯一設置が認められている日本公認会計士協会が資格付与のプロセスである公認会計士試験合格後の研修とその修了考査を担っているが，公認会計士試験の実施責任は，政府機関である金融庁

---

[4] ここでは，各国は資格を統一していることを意味しないことに注意を要する。後述するように，イギリス（England, Scotland, Wales）において2種類の会計士資格が並存している。

と公認会計士・監査審査会が負っている。ちなみに，すべての公認会計士は日本公認会計士協会に所属しなければならないことから，日本公認会計士協会は独占的なの職業団体として機能している。

　会計プロフェッショナル資格が1種類のみしかなく，このことを所掌する法律の官庁が存在する形態は米国，フランスにおいても見られる。しかしながら，このような形態が国際標準になっているわけではない。米国型の会計士資格制度と対比される形態として興味深いのは，イギリスおよびイギリス連邦の国々の制度である。これらの国々には，複数の会計職業団体がそれぞれ資格認定プロセスをもち，国家はそのことに対してはまったく関与していない。国家は，財務諸表監査を義務づける法律を制定・管理することにより，複数の会計士団体に所属する会計士すべてに対して排外的な権利を付与しているだけである。

　イギリス（England, Scotland, & Wales）においては，歴史的に会計プロフェッショナルの資格付与を国家ではなく，職業会計士団体が行ってきた歴史があった。すなわち，会計職業団体それぞれが資格付与を行ってきたことを背景として，新しい会計職業団体が創設され，彼らもまた資格を付与することに対して国家の立場からは何も問題がないと考えられてきた。

　イギリスおよびアイルランドの会計職業団体として長い歴史を有する団体は，Institute of Chartered Accountants in England and Wales（以下，ICAEWとする），Institute of Chartered Accountants of Scotland（以下，ICASとする），Chartered Accountants Ireland（以下，CAIとする）であり，彼らはそれぞれ独自の教育システムと資格試験制度をもち，教育課程を修了し資格試験に合格した者に対して勅許会計士（Chartered Accountant）の資格を付与している[5]。中でもICAEWは対象とするクライアントの数と実施するサービスの質の点から，揺るぎない社会的な地位を占めている。

　しかし，イギリスでは，近年，ACCAがその活動を国内的にも国際的にも広めており，彼らが付与する勅許公認会計士（Chartered Certified Accountants,

以下，CGAとする）資格が注目されている。CGAはアジア圏において広まりを見せており，資格取得者数では世界一となっている。

第4節　会計プロフェッショナル資格の国際化

1．資格の相互認証

　本節では，会計プロフェッショナル資格の国際化を展望するために，資格の国際的共通化の一段階であると考えられる資格の相互認証について検討する。

　近年，サービス貿易の拡大が貿易の自由化に関する国際的な協議の場において論点とされるようになっており，例えばTPP（Trans-Pacific Partnership）に関する議論においても主要な論点の1つになっている。その中で，監査サービスもしばしば取り上げられている。というのは，監査サービスの国境を越えた拡大が，監査コストの低下につながるのではないかと考えられているためである。

　歴史的に，会計に関する専門職業は各国の社会経済的な背景の下で生成され，それゆえその資格制度は，各国に固有の形で形成されてきた。しかし，近年の経済の国際化の進展により，会計士資格に関しての各国の固有性を認識しつつも，監査サービスをサービス貿易の例外とするのではなく，お互いの資格を相互に認証し，各国の監査サービス市場の間にある障壁を低くすることにより，監査サービスに関する競争が生まれ，監査サービスの価格の低下と品質の向上がもたらされ，結果として経済にプラスに働くのではないか

5　イギリスとアイルランドの職業会計士団体は地域ごとに発達した歴史があり，イングランドとウェールズを基盤とするICAEW，スコットランドを基盤とするICAS，アイルランド（北・南）を基盤とするCAIがそれぞれの地域（国）で会計士団体を設立し，会計士資格Chartered Accountantを付与している。

という認識が生まれてきた。

　もちろん，参入障壁は各国の資格制度の固有性によるだけではなく，例えば言語の問題もあるため，資格の相互承認をするだけで障壁がなくなるわけではない。しかし，資格の相互承認が参入障壁を引き下げ，競争を刺激する効果があることは確かであろう。

　加えて，企業活動がグローバル化し，企業の取引がグローバル・ベースで展開されることになると，監査サービスを提供する側にもその業務範囲を多国籍に展開していく必要性が出てくる。この意味で，監査に関する資格の相互承認により，監査サービスを提供する監査法人の国際的な業務展開もスムーズになる可能性がある。

　監査法人の国際的な業務展開はもちろん簡単なことではない。資格の相互承認だけでグローバル展開が容易になるわけではないことは十分に認識されてしかるべきだろう。実際にグローバルにまたがる業務を実行するためには，現地の会計プロフェッショナルからの援助，現地の関連法制度の深い理解，その他会計プロフェッショナル以外の専門家等との連携が必要になることを指摘しておかなくてはならない。このように現実には解決すべき多くの問題があるが，資格の相互承認には，総合的にみて大きな利点があると考えられる。

2. 会計プロフェッショナル資格の国際化に向けた課題

　会計プロフェッショナル資格を相互に承認しようとする場合に直面することになるであろう諸課題が存在する。当然のことながら，相互承認にあたっては，会計に関する国家間の制度的相違だけではなく，それを取り巻く周辺制度，すなわち税法，会社法，証券取引法などの法制度の相違，さらには規制当局のエンフォースメントの程度なども考慮しなければならない。業務に携わる会計プロフェッショナルは，各国固有の法制度に関する深い理解を必要とする。資格の相互承認をした場合，相手国に固有の法制度を理解しない

第7章　会計士資格：資格・教育のグローバリゼーションと各国資格との関係

監査人は、もはや実務に携われないことになる。

しかし、資格が相互に承認されていない現段階においても、経済活動のグローバル化がなされている結果として、会計に関する相違は全体的に縮小している。また、経済活動のグローバル化に対応してそのような中で、監査法人もグローバルなネットワークを形成し、国境を越えて監査チームを編成し、監査にあたっている。このような監査法人側の行動もまた、実際に資格が相互承認された際には、国際業務をいかにして実践していくのかにおいても、かかる対応を容易にする。

しばしば指摘される点として、資格取得の難易度の相違がある。これには資格試験そのものの難易度のみならず、資格試験を受験するときに課される諸要件が異なることも含まれる。いずれにせよ、資格取得の難易度が異なるのであれば、資格取得が難しい国において資格を取得する代わりに、容易な国において資格を取得した上で、相互承認に基づいて前者の国において活動することを多くの人が当然考える。その結果として、資格取得が難しい国の資格が機能しなくなるという問題が発生する。

一方、資格取得の難易度は、それぞれの国がおかれている諸条件、例えば企業活動の活発さや高等教育を受けている人々の比率といった諸条件によって異なるため、難易度を同じにすることは容易ではない。

翻って、日本の公認会計士試験制度をみると、その難易度は高く設定されており、一時期難易度を低める方向で多数の合格者を輩出させる方針がとられたが、いわゆる未就職者問題が発生したことにより、再度難関試験に回帰傾向にある。こうした資格試験制度の方針が揺れ動いた中で、公認会計士試験受験者の激減という状況をもたらした。また、公認会計士資格試験と税理士資格試験が並立していることも問題を複雑化している。

資格の相互承認問題は、日本の会計専門職資格にとって大きなインパクトを与える可能性がある。高度な会計・監査サービスを必要とするグローバル企業にとっては、資格が相互承認されれば、会計士がどこの国の資格を保有

しているのかはさほど大きな問題とならず，主な関心事は必要な能力と知識を有したプロフェッショナルであるか否かである。日本の資格要件が求められる法定監査においては日本の会計士資格は保護されるが，相互認証がなされてしまった分野については，公認会計士資格が米国であろうが，日本であろうが，あるいはイギリスであろうが，クライアントにとっては関知しない問題である。しかし，日本の法制度に通暁している日本の監査法人が，国際的なネットワークを形成し，グローバル展開する日本企業に必要とされることは予想されることであり，資格が相互承認された際に日本の監査法人が海外ファームに駆逐されるような事態がすぐに発生することはないであろう。

監査法人の現状に鑑みると，資格の国際的な相互承認が整った場合，仕事が失われるような事態にはならないと予想され，先ほど述べたような相互承認のメリット，すなわち競争による価格の低下や監査サービスの品質向上がもたらされる可能性がある。ただし，日本の資格試験制度のあり方については，大量合格時代の反省点を確認し，かつ海外との資格の互換性も視野に含めた形で今後の制度構築を志向していく必要性は高まるだろう。その意味では，資格の相互承認は，日本にとってきわめて大きなインパクトを与える。

第5節　イギリスにおける会計プロフェッショナル資格の枠組み

本章では，会計プロフェッショナル資格付与の枠組みについて，先に触れたイギリス（連合王国）の事例とACCAの海外展開について検討する。

すでに述べたとおり，イギリスは，複数の会計士団体が資格付与を行っており，これらの団体に対する監督権限を国家が保持している[6]。具体的には，

---

[6] 会計プロフェッショナルの団体が1国1組織ではない国として，イギリス以外にも，イギリス連邦国のカナダやオーストラリアなどがある。

第7章 会計士資格：資格・教育のグローバリゼーションと各国資格との関係

会計士が監査を行うためには，公認資格認可団体（Recognized Qualifying Body：RQB）から資格を取得し，公認監督団体（Recognized Supervisory Body：RSB）としての会計事務所に所属しなければならない[7]。ここで，RQBであり，かつ，RSBであるという団体，すなわち，資格付与と監督を行う職業会計士4団体が設置されており，勅許も受けている。この4団体のうちの3団体がICAEW（イングランド，ウェールズ），ICAS（スコットランド），そして，CAI（アイルランド）であり，これらの3団体がいわばファーストティアーを形成する。このファーストティアーに続くのがACCAであり，勅許公認会計士資格を付与している。この勅許公認会計士の資格保持者であっても，イギリス会社法に基づいた法定監査を実施する要件を満たしている。

いわば会計プロフェッショナル団体のセカンドティアーとして始まったACCAであるが，伝統に縛られることなく国内的にも，国際的に非常に影響力を増大させている。

ACCAが会計士の資格付与をできるようになったことには歴史的な経緯がある。イギリスでは地域ごとのいわば特権的な団体として勅許会計士の資格を付与する3団体が形成された。これに対して3団体から排除された会計事務所が自ら団体を設立し，専門知識やノウハウを蓄積してきた（Macdonald 1995）。ACCAの前身であるロンドン会計士協会（London Association of Accountants）は，ICAEWの勅許会計士に独占されていた会計業務の開放を目的として1904年に設立され，その後の活動により会計監査への参入を認められた。1974年に英国女王から勅許（Royal Charter）を受け，1996年に現在の名称であるACCAになった。すでに勅許会計士を多く雇用する会計事務所が監査市場を独占している状況であり，ACCAのメンバーがイギリス国内でクライアントを獲得することは難しかった。しかし，国内市場で劣勢であったことからこそ，ACCAは海外に着目し，海外で大きく発展したという

---

[7] Recognized Qualifying Body（RQB）については2006年会社法s.1220, Recognized Supervisory Body（RSB）については2006年会社法s.1217に規定されている。

点で特徴あるものになっている。

　図表7－1のとおり，イギリス国内の資格登録者数は，ICAEW が11万7,000人，ACCA が7万5,000人ほどであり，ICAEW の優位は明らかである[8]。しかし，図からも明らかなように，両団体ともに会員が増加しているが，とりわけ ACCA の会員の増加が著しい。

　図表7－2は世界全体のイギリス会計士団体の会員数の推移を示している。世界全体では2009年には ACCA の会員数がすでに ICAEW を追い抜いている。年別には，ACCA の会員増加は，1996年以降既に顕著であることが図表7－3から明らかである。

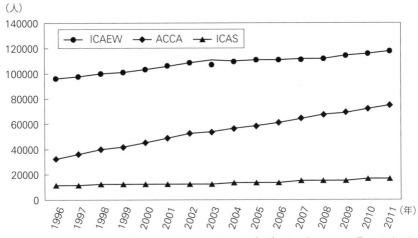

図表7-1　イギリス会計士団体の会員数推移（イギリス国内）

出所：Financial Reporting Council, Oversight Board (UK), Key Facts and Trends in the Accountancy Profession, 2002-2012 より筆者作成。

---

[8] アイルランドの会計士団体である CAI には全世界で19,334名（2011年現在）の会員がおり，規模でいえば ICAS に匹敵するが，アイルランド共和国と連合王国内の北アイルランドにまたがる団体となっているため，連合王国内の団体である ACCA, ICAEW, ICAS との比較が難しい。このため，ここでは CAI は除いてある。

第7章 会計士資格:資格・教育のグローバリゼーションと各国資格との関係

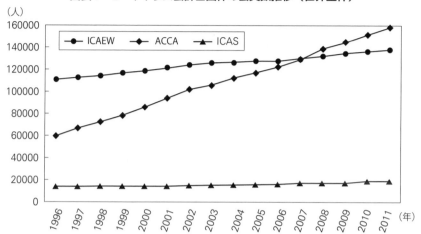

図表7-2 イギリス会計士団体の会員数推移(世界全体)

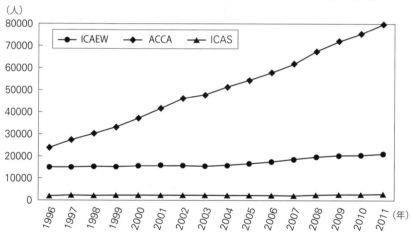

図表7-3 イギリス会計士団体の会員数推移(イギリスを除く海外)

海外でACCAの会員が飛躍的に増えているのは，ACCA自らがセカンドティアーであったがゆえに，組織の生き残り戦略として国際展開に軸足をおき，特に会計インフラが発展途上の国への進出により組織拡大を進めた点を指摘できる。

　その際，ACCAの強みとなったのは，ACCAが付与する資格がイギリス国内で監査を行うことを承認されていたことであり，この点を活かして会計制度の発展過程にあるアジア，アフリカ，あるいは中東の発展途上国において会員数を増やした。また，ACCAは，自らの資格をグローバルであることを標榜していたこと，会計基準としてIFRSをその教育課程で中心的な科目としていたことも国際化に影響していたものと思われる。しかし，その一方で国際化を進める際に地域性への配慮を怠らず，各国の監査基準や国内法制である会社法，税法に柔軟に対応した教育課程と資格試験を提供している。すでに論じてきたように，会計・監査制度は各国の固有な側面があり，その制度設計には各国が責任を負っていることから，ACCAは国ごとに個別の教育課程と資格試験を提供し，そのことが各国のニーズと合致することとなった。

　このような活動の結果として，ACCAの資格（勅許公認会計士資格）はカナダ[9]，香港，マレーシア，シンガポールの4つの国もしくは地域において相互承認されており，またこれら以外にACCAの試験と現地の資格試験の一部もしくは全部を共通化する対応が，タイ，ベトナム，カンボジア等の国々でとられている。そして，このACCAの進出先を見てみると，日本企業にとって看過できない事実がある。それは，制度設計が類似している英連邦の諸国が中心ではあるものの，安価な賃金や豊富な資源を求めて，現在日本企業が積極的に進出している国である点である。経済の発展と，会計インフラの整備とは連動しており，この意味でACCAのプレゼンスの拡大は日本にとって

---

[9]　ここでACCAと相互認証を行っているのは，カナダの会計士団体のうち，最大の会員を有するCertified General Accountants Association of Canada（CGA-Canada）であり，有効期限を定めた締結になっている。

も重要な意味をもつ。もちろん，会員数等の規模だけで今後を予測することはできないが，現在の事実として，新興国中心に積極的な展開が図られており，国際世界でのACCAの存在感は大きく増している。なぜACCAが受け入れられているのか，その理由を考えながら，グローバル化の時代に求められる日本の会計プロフェッションの姿を探る姿勢が求められよう。

第6節　結論と含意

　ACCAの国際展開は，イギリス国外における長年にわたる教育と資格試験の実施の結果であったが，こうしたACCAの展開が可能となった背景には，資格の標準化・共通化に対する市場のニーズがあった。また，ACCAのグローバル化戦略の下，進出国・地域の固有性に配慮して，教育課程をローカライゼーションし，かつ資格試験を実施するなどして進出先国・地域の資格として承認され，受け入れられてきた。例えば，インドの税法，中国の税法を試験科目に取り入れる等に，進出先国・地域のニーズに対応しようとした努力が見てとれる。そして，IFRS適用の拡大もACCAが展開できた背景になっている。会計・監査制度のグローバル化は単に制度の標準化・共通化だけでは進まない。絶えず地域の諸制度との不整合が存在し，それを調和する努力の下，初めて進展する。ACCAはそのニーズに早くから着目し，標準化と地域性のバランスを意識した国際展開に取り組み，その結果多くの国での需要に合致したと指摘できる。

　先進諸国の場合，当面，各国固有の監査制度については，自国基準に基づく監査が実施される状況が続くものと考えられる。加えて監査実務において，国内制度全体に対する十分な知識なくして，職業的専門家として十分な業務遂行は不可能である。例えば，監査と密接に関係する会計制度はその周辺の法制度と密接な関係の下に構築されているため，税法，会社法，証券取引法

などに対する理解が不可欠である。さらに，法制度の根幹にある思想，すなわち大陸法系か英米法系か，また投資家法か債権者法か，行政の執行（enforcement）力，資本市場のあり方（直接金融中心か，あるいは間接金融中心か）に対する理解も必要になってくる。したがって，会計基準と監査基準を国際基準に置き換えることがグローバル化への対応とはならず，その後の制度の運用面での手当て，見直しが肝要になる。そのことを改めて理解した上で会計プロフェッショナル資格の国際化を検討する必要がある。

会計制度は市場経済を支えるインフラであり，ビジネス全体がグローバル化すれば，会計プロフェッショナルに求められる役割とその資格のあり方が大きく変わる可能性が高くなる。それゆえ，各国の職業会計団体は経済のグローバル化に対応できる柔軟な能力を備えなければならなくなる。その際に鍵になるのは，国家による国際戦略のうち，会計戦略をどのように構築するのかにも依存する。

強調したいことは，会計基準・監査基準の国際標準化が，そのまま会計プロフェッションの国際化を意味するわけではないことである。特に，資格の国際化は，各国固有の制度との不整合と調整の過程をたどり，一進後退を繰り返すプロセスになることを予測している。会計プロフェッショナル資格についての各国のローカリティーは消滅するわけでなく，会計基準・監査基準の統一化が進んだ後，会計プロフェッショナルの共通化や資格の相互承認は漸進的に進展していくものと思われる。日本の会計教育は，日本国内の会計にかかる法制度と会計・監査基準に関する教育を基礎とした上で，国際化に対応した科目をその教育課程に取り入れていくことが求められていくことになろう。

グローバル人材育成の必要性は再度確認するまでもないが，その実現には，多くの困難が予想される。それは国際基準をとり入れることのみで済まされるものではなく，自国の個性を喪失することなく，海外とのネットワークを広げて連携を図っていくことが基本となる（斎藤 2012）。

第7章 会計士資格：資格・教育のグローバリゼーションと各国資格との関係

　企業活動がグローバル化する中，日本の会計プロフェッショナルが国内市場の監査だけで収入を得られる環境ではなくなりつつあり，国際的に通用する会計プロフェッショナルの育成が急務である。国際機関における日本の会計プロフェッショナルのプレゼンス低下をもたらすことがないよう，今後の会計プロフェッショナル育成の戦略は国際動向も見据えながら注意深く策定していく必要があろう。

　現在，日本の GDP は世界第3位であり，監査の国内市場が国内に十分な規模で存在することから，海外に活動の拠点を求める会計プロフェッショナルは必ずしも多くない。しかしながら，国内の上場会社数が減少傾向にある一方で，海外案件に向けた会計・監査サービスの必要性は増していく傾向にある。このような環境下で高度専門家サービス提供における会計教育においては，海外の資格制度取得への支援も考慮しつつ，また国内制度で育成したプロフェッショナルが国際的に活用できる人材になるよう，制度設計の段階から運用に至るまでの段階で，資格取得前教育から資格取得後の教育まで一貫した十分な検討が不可欠になろう。

参考文献

Darby, M. R. and E. Karni (1973) Free Competition and the Optimal Amount of Fraud, *Journal of Law and Economics* 16 (1)：67-88.
Financial Reporting Council, Professional Oversight Board (UK), *Report to the Secretary of State for Business, Innovation and Skills*, Year to 31 March 2010-2012.
Financial Reporting Council, Oversight Board (UK), *Key Facts and Trends in the Accountancy Profession*, 2002, 2006-2012.
Edwards, J. R. ed. (2000) *The History of Accounting : Critical Perspectives on Business and Management*, Professionalisation of Accounting IV, Routledge.
Macdonald, K. M. (1984) Professional Formation : The Case of Scottish Accountants, *The British Journal of Sociology* 35 (2)：174-189.
Macdonald, K. M. (1985) Social Closure and Occupational Registration, *Sociology* 19 (4)：541-556, reprinted in Edwards (ed.) (2000)：113-132.
Macdonald, K. M. (1995) A Professional Project － The Case of Accountancy,

chapter 7 in Macdonald, K. M., *The Sociology of the Professions*, Sage Publications : 187-208.
Nelson, P. (1970) Information and Consumer Behavior, *Journal of Political Economy* 78 (2) : 311-329.
Saito, S. (2011) Accounting Standards and Global Convergence Revisited: Social Norms and Economic Concepts, *The Japanese Accounting Review* 1 : 105-117.
Stigler, G. (1961) The Economics of Information, *The Journal of Political Economy* 69 (Issue3) : 213-225.
Wolinsky, A. (2003) Competition in a Market for Informed Experts' Services, *The RAND Journal of Economics* 24 (3) : 380–398.
金森絵里（2010）「会計におけるプロフェッショナリゼーション研究の示唆」『立命館経営学』48（5）：177-191.
金融庁（2006）「諸外国の監査法人制度等の比較」金融庁審議会資料.
斎藤静樹（2012）「岐路に立つコンバージェンスと会計基準の検討課題」（東北大学会計大学院主催講演会資料）.
高田敏文（2012）「会計大学院協会の新体制と活動方針について：会計大学院の原点を求めて」『会計・監査ジャーナル』24（9）2-3.
ビジネスブレイン太田昭和（BBS）（2011）「主要国の公認会計士試験・資格制度に関する調査」金融庁.
友岡賛（2005）『会計プロフェッションの発展』有斐閣.
八田進二（2004）『公認会計士倫理読本：国際的な信認を得るための鍵』財経詳報社.
平野由美子（2010）「プロフェッション理論の展開：会計プロフェッションの場合」『立命館経営学』49（1）：231-251.

終章

グローバリゼーションと会計基準：
これからの会計基準の方向性

第 1 節　会計制度の国際標準化と各国の対応

　本書の第 1 章では，経済のグローバル化の中で，会計制度の国際標準化が進展する一方，会計制度にかかる国家の役割が失われるわけではないこと，すなわち各国の会計基準設定主体が一方的にグローバル化した制度を受け入れるわけではないこと，この意味で会計制度の国際標準化と各国の会計制度との間には対立や衝突を伴う相互作用が存在することを述べた。

　続く各章では，実際に国際会計基準あるいは会計制度を導入する際に，それぞれの国はどのような問題に直面し，どのような対応を取るのかを検討した。すなわち，第 2 章，第 3 章では，会計基準の標準化が各国の税制との間にどのような不整合を引き起こすのか，不整合に対してどのような対応が可能であるのかを検討した。第 4 章，第 5 章では，財務会計と会社法との関係について，とりわけ配当可能利益に対する規制に注目して検討した。第 6 章では，監査人の監査意見形成過程と国際監査基準に対する各国の対応について，そして第 7 章では，会計士資格の国際化について検討した。

　以上の諸検討から明らかになってきたことの 1 つは，それぞれの国が経済のグローバル化と会計基準の国際標準化に適応しながらも，一方では各国の固有性を維持しようとする姿が見られたことである。例えば，税務会計との関係では，IFRS を導入する一方で課税主権は維持しようとしており，このために連単分離を行い，あるいは会計基準を課税計算のベースとしつつも特別規定を設ける形で対応している。配当可能利益についても調整のための規定（例えば英国の実現テスト）を設けたり，あるいは租税と同様に連単分離の形で対応している。このように各国は国際基準を全面的に受け入れるのではなく，適切な距離を保ちながらバランスを取ろうとしているのである。

　また，いくつかの章では，こうしたバランスを取りつつ国際化を取り入れる対応は時に必要であることを示唆している。例えば第 5 章の分析の結果で

示したように，IFRS の導入により，企業によっては会計上の操作を行って配当可能利益を増やそうとする可能性があり，これに対しては会計基準と会社法の規定にズレを生じさせることを許容しながら，かつ両方の規定においてローカルとグローバルの関係を調整するのが好ましいことを示した。第6章では，実際に IFRS を適用する際，何らかの形の基準が必要であり，それは各国の解釈指針や会計事務所の実務ガイドライン，あるいは合意の形で形成されることを示した。各国の動きをみる限り，このような形でのローカルな対応（この場合には，必ずしも国家ごとの対応だけでなく，会計事務所ごとの対応も含まれることになるが）がしばしば必要とされている。

このように，経済のグローバル化とそれに伴う会計制度の国際標準化は国家を越えた会計制度の統一を意味するわけではなく，また統一することが無条件に好ましいわけでもないということを示した。

本書の結論に当たる本章では，これまでの章で明らかにした上述の会計制度の姿を，会計の目的との関係からもう一度捉え直し，そこから会計基準の国際標準化のあり得る姿を提示することを試みたい。

第 2 節　国際化時代の会計の目的

よく知られている通り，財務報告は経営者と財務情報を利用するステークホルダーとの間の情報保有の非対称性を緩和し，これにより資本市場を機能させるメカニズムとして発達を遂げてきた。経営者は資本市場から資金調達を行うにあたり，資金調達をできる限り有利に行うために，自社に都合の悪い情報を隠匿したり，都合が良い情報だけを提供したりするインセンティブをもつ。このことが可能となるのは，経営者が会社の情報すべてを保有する一方，外部のステークホルダーは経営者が開示する情報だけに依存するという情報保有の非対称性があるからである。この情報保有の非対称性を緩和す

ることを目的として財務内容開示制度，すなわち財務会計制度が成立した。また開示される情報は正確でなければならず，そのことを担保するために会計基準と公認会計士監査が用いられることになった。これら一連の仕組みが会計制度を形成しており，会計制度は資本市場が存在する国では程度の差はあれ整備されている。

　会計制度には，2つの目的があると考えられてきた。1つは，情報利用者に対して意思決定に有用な情報を提供し，利用者の合理的な意思決定を支援するという，会計の情報提供機能であり，情報利用者としては主として投資家が考えられてきた[1]。もう1つの機能は利害調整機能と呼ばれ，投資家ではなくその他のステークホルダーの利害調整のために会計情報が用いられることが想定されてきた。利害調整機能と称する代わりに，契約支援機能と称することがあるが[2]，契約の支援とはステークホルダー間の利害調整の一環であると考えれば，契約支援機能は利害調整機能の一部と考えることができる。

　いずれにせよ，主に投資家向けの情報提供である，情報提供・意思決定支援目的の会計と，利害調整・契約支援目的の会計とでは，社会から求められる機能が異なることは明らかである。

　単一で高品質な会計基準とされるIFRSは，もともと情報提供機能を果たすことを重視してきた。もちろん，IASBも会計の役割が情報提供機能のみ

---

[1] アメリカ会計学会（American Accounting Association：AAA）による"A Statement of Basic Accounting Theory"（ASOBAT）（1966）や，米国財務会計基準審議会（Financial Accounting Standards Board：FASB）の"Statement of Financial Accounting Concepts, No.1"（1978）において，会計情報の意思決定有用性に関するアプローチが取り上げられてきた。

[2] 会計の目的の分類には，いくつかの類型が認められる。Beaver and Demski（1979）では，意思決定前情報（pre-decision information）と意思決定後情報（post-decision information）という類型が用いられた。この他に，意思決定支援機能と契約支援機能（須田2000），情報提供機能と利害調整機能（桜井2002；斎藤2002）がある。他にも，意思決定需要（decision making demand）のための会計とスチュワードシップ需要（stewardship demand）のための会計という視点も提示されている（Gjesdal 1981；乙政2004）。また，契約支援の観点では，Sunder（1996）で考察がなされている。本稿では，契約支援機能は利害調整機能に包摂されると考えて，情報提供機能と利害調整機能の二分類を用いることにする。

終章　グローバリゼーションと会計基準:これからの会計基準の方向性

であるとは考えていない。例えば，IASBが改訂した2010年概念フレームワークの中では，財務情報が投資家への情報提供のみならず，利害調整を含めた様々な局面で利用されること，例えば，持分投資の売買のみならず，経営者の受託責任の解除，従業員の給料算定，租税政策，配当可能利益，国民経済統計，企業規制の諸側面で会計が利用されることを認識している[3]。しかし，そのことを認識した上で，IASBは「一般目的財務報告の目的は，財務諸表利用者（現在の及び潜在的な投資者，融資者及び他の債権者）が企業への資源の提供に関する意思決定を行う際に有用な報告企業に関する財務情報を提供することである。」[4]としており，情報提供機能を中心としている。

　IFRSに見られる情報提供機能の重視は，学会における研究動向と軌を一にしている。資本市場と会計の情報提供機能については相当程度の研究の蓄積があるが，利害調整機能については，その重要性は認識されており，実証研究も一定程度見られるものの，情報提供機能に関する研究と対比すると，限定的である。情報提供機能にかかる研究は，株式市場におけるデータの入手が容易であることから，株価と会計情報を利用して実証的に意思決定に対する有用性を明らかにすることができる[5]。例えば，会計情報の価値関連性（value relevance）の研究は，企業価値と会計情報との間に統計的に有意な

---

[3] IASBが公表した2010年概念フレームワーク"The Conceptual Framework for Financial Reporting,"のIntroductionにおいて，財務諸表を利用した経済的意思決定の例として"(a) to decide when to buy, hold or sell an equity investment. (b) to assess the stewardship or accountability of management. (c) to assess the ability of the entity to pay and provide other benefits to its employees. (d) to assess the security for amounts lent to the entity. (e) to determine taxation policies. (f) to determine distributable profits and dividends. (g) to prepare and use national income statistics. (h) to regulate the activities of entities." とある。なお，その後2013年7月にIASBから"A Review of the Conceptual Framework for Financial Reporting,"（「「財務報告に関する概念フレームワーク」の見直し」）が公表されているが，1.9項において「IASBは，2010年に公表した財務報告の目的及び有用な財務情報の質的特性を扱った「概念フレームワーク」の各章（第1章及び第3章）の根本的な再検討はしないことを決定している。」（ASBJの参考訳）として，第1章に係るこの部分についての大幅な見直しはないと思われる。

[4] 2010年概念フレームワーク，OB2。

[5] 日本における研究ではまず桜井（1991）が著名である。

関係があるかどうかを検証するが，この分野の研究は相当程度の蓄積がある[6]。これに対して，利害調整機能の研究は，その機能が多岐にわたり，特定の機能によっては数値データが十分に整備されておらず，あるいはそもそも数値データの入手が困難である。また実際に検証可能な仮説を構築する際にも資本市場を対象とする研究よりもモデルへの落とし込みなどで困難や制約が付きまとう[7]。結果として，会計の情報提供機能は，研究においても実務においても会計の機能として正当化されやすいのに対して，利害調整機能は二次的目的として残されてしまったと考えられる。

その結果，会計の情報提供機能は理論的にも，実務的にも，注目されやすく，それゆえ情報提供機能を会計の主目的と位置付けているIFRSの有用性もまた認識されやすい。

情報提供機能への注目は，会計基準の国際標準化への動きを強めることになる。というのは，投資家が求める会計情報は国が異なっても大きな違いはないことから，標準的な投資家を想定した会計基準の情報提供機能は受け入れやすい。

しかし，先に述べた2010年のIFRSの改訂フレームワークにおいて利害調

---

[6] 会計情報の有用性については，意思決定情報としての情報提供機能を中心にBall and Brown（1968）やBeaver（1968）の研究から大きく着目され，数多くの研究成果が築き上げられてきた。しかしながら，90年代後半程より，会計情報と価値関連性との関係の低下を示す研究が提示されている。Lev and Zarowin（1999），Beaver et al（1999），Hung（2001）等があり利益や純資産などの財務情報の価値関連性が低下したことを実証で示している。また海外からみた日本企業の利益情報の価値関連性に関する研究をサーベイしたものに大日方（2007）がある。大日方（2007）では，海外の研究によると日本企業の利益情報の有用性（価値関連性）を低くする原因として，日本の金融取引規制や会社法の投資家保護，日本企業のガバナンスを挙げているが，これらの要因が必ずしも価値関連性を低めるものではないとの反証を示している。

[7] 利害調整機能に関する実証研究では，フレームワークでエージェンシー理論（agency theory）もしくは契約理論（contract theory）から導き出される研究がよくみられる（日本会計研究学会2010, 96-98）。ただし，現在の実証研究においては，仮説を設定し，数値データで検証するという仮説検証型が主流を占めるが，自然科学と異なり，社会科学の場合，モデルに落とし込めない説明変数が多数に及ぶ。このような問題はとりわけ関係が複雑な利害調整機能の検証で大きな課題になる。一方，記述分析のような形は可能であるが，会計分野において記述分析は科学的検証分析が求められる際には課題を残すことになる。

終章　グローバリゼーションと会計基準:これからの会計基準の方向性

整機能が指摘されたことから明らかなように,会計の機能は情報提供機能のみではなく,利害調整機能も重要であることは近年改めて認識されるようになりつつある[8]。この利害調整機能あるいは契約支援機能においては,標準的な情報利用者が想定しがたく,それゆえ,利害調整機能あるいは契約支援機能を考える場合,会計基準が1つに標準化されることが好ましいとはいえない。利害調整機能が必要とされるような状況,例えば財務制限条項の設定や経営者報酬の設定のような場面においては,契約法のような他の法制度をはじめとした諸制度が影響しており,そのような会計を取り巻く諸制度との相互作用の中で利害調整が行われることになる。このような状況においては,1つの制度ですべてに対応することは難しく,それぞれの国の状況に合わせた制度設計が必要になる。

　利害調整機能についても標準化が必要とされることもある。例えば,国境を越える取引を行う企業の場合,基準となる財務諸表の内容が統一されている必要がある。しかし,財務諸表が2つの国において完全に統一されていることは必要ではなく,関係者が合意していればよい。一方,利害調整機能が他の諸制度に依存していることを考えれば,国固有の基準への適応が必要となる。

　利害調整機能を考える場合,情報提供機能を中心とした会計基準であるIFRSを,かつ全世界に統一的に適用することは必ずしも好ましくない。IFRSをベースにするとしても,それぞれの国に適応した形で,利害調整が可能な形に補正していく方法がとられていくことになると考える。

　本書で検討してきた課税計算や会社法における配当可能利益計算は,まさに利害調整機能である。課税計算は国税当局と企業との間の利害調整であ

---

[8] 情報提供機能の優位性が必ずしも自明に成り立っているものではないことを示した研究にYoung (2006) がある。ここでは,1974年にFASBがディスカッションメモランダムで意思決定有用性目的を提示した時に,60%以上から反対のコメントが出されていることが紹介されており,情報提供機能の優位性が自明のものとして創り出されているのではないかという問いかけをしている。

り，配当可能利益計算は株主と企業との間の利害調整である。そうであるならば，情報提供を目的とした会計基準である IFRS をそのまま適用するのではなく，個々の文脈に合わせて，利害調整に適切な形に会計基準を調整する必要がある。

本書で検討した各国においては，次の調整方法がとられていた。①利害調整目的の会計基準と情報提供目的の会計基準を利害調整目的に利用する場合に，目的に沿った調整を加える（例えば課税計算の独自ルールや配当可能利益計算の独自ルール等），②財務報告そのものを分離する（租税計算のための財務報告と利益計算のための財務報告の分離，あるいは連単分離），③国ごとの独自の解釈指針を策定する，④企業と監査人との間で解釈に関する合意を形成する。

これらの調整方法については，IASB の側でもある国に固有の事情に関してはそれぞれの国毎の解釈基準を認めている（第6章参照）。会計の利害調整機能の重要性が認識され，利害調整機能を各国の会計制度において実現させようとしている点は，これからの日本の会計制度を IFRS と調整させる場合に認識しなければならない重要な論点であると考える。

会計基準の国際的な標準化と各国会計制度との調整，言い換えれば会計の情報提供機能と利害調整機能とをどのようにバランスさせるのかという点については，次節において，EU の状況を参照して検討することにしたい。

第3節 国際化と会計基準の国際標準化：EU の事例をもとに

超国家組織（supranational organization）ともいわれる EU の存立目的である，欧州域内における経済統合と共通市場の形成という試みは1957年3月に調印された欧州経済共同体設立条約（ローマ条約）[9]で既に明記されており，

終章　グローバリゼーションと会計基準：これからの会計基準の方向性

その試みは現在に至るまで追及され続けてきた。超国家組織との呼称に違わず，構成国が主権の一部をEUに委譲しており，EUが締結した諸条約やEUの機関が採択した政策は構成国を拘束することになる。とはいえ，EUは連邦国家を形成しているのではなく，現在もその方向に進んでいるとはいえない。

この状態を表すのに「EUはこれまでにない実験を行っているといい表わされることがあるが，最終形態が確定していないことは，EUの弱点ではなくて，時代の変化に対応していくことのできる柔軟性でもある。」[10]という識者の指摘もあり，これがEUの直面している現実である。

確かに，共通経済圏構築過程で，EUは関税を撤廃し，間接税を原則統一化し，通貨統合を実現した。しかし，南欧危機に端を発した経済危機は大きくEUの屋台骨を揺るがす状況をもたらし，また雇用の流動化が現実には難しいという問題点が露呈し，構成国の間で新たな格差をもたらすことになった。EUは税制の統一を試みたが，実際は各国が企業誘致を目指して税率引き下げ競争を引き起こす事態を発生させたことはすでに述べた通りである（第2章，第3章）。

EUの試みは大きな挑戦ではあったが，バラ色の結果はもたらさず，新たな諸問題を生じさせ，それらが顕在化するたびにひとまずの解決策を模索する状態が続いている。その際に主要な枠組みとして持ち上がるのは文明でも，

---

[9] EU archives (http://ec.europa.eu/archives/emu_history/documents/treaties/rometreaty2.pdf).

[10] 中西（2012, 21）より抜粋。なお，欧州連合は「欧州連合条約」（マーストリヒト条約，1993年発効）と「欧州連合の機能に関する条約」（旧欧州経済共同体設立条約。ローマ条約）という2つの条約を主な根拠にして成立している。これらは発効してから修正が加えられており，最近では「欧州連合条約および欧州共同体設立条約を修正するリスボン条約」（リスボン条約，2009年発効）により改訂されている。これらのなかで，EUの最終形態が明確に定められているとはいえず，絶えず構成国の間で見直しがなされている。

民族の枠組みでもなく,むしろ国民国家 (nation-state) であった[11]。このような枠組みを前提とすると,国と国間の利害調整プロセスにおいて機能する政治の力が非常に重要な役割を占めることになる。

そして,このような状況は欧州諸国の会計をめぐる制度についても大きくは異ならない。EU は域内での会計基準を上場企業の連結財務諸表については統合化したが,より強く各国固有の状況に依存する,言い換えれば利害調整機能が重要となる個別財務諸表(租税計算や配当可能利益計算)については各国の自主性に任されており,IFRS を個別財務諸表に適用できるかどうかは各国により対応が大きく異なる。上場企業の個別財務諸表の対応についても,IFRS が強制適用される国々(イタリア),IFRS を選択適用とする国々(イギリス,オランダ),IFRS を適用しない国々(フランス,オーストリア),自国基準による個別と両方作成する場合に認める国(ドイツ)と分かれている[12]。イタリアが強制適用とする一方で,フランス,オーストリアが IFRS 非適用,イギリスが選択適用としていることは,実際に利害調整機能を発揮させるにあたり,各国の文脈の中に IFRS を位置付けることが容易ではないことの証左である。

さらに,会計の周辺制度としての税法や会社法が度重なる努力にもかかわらず統一されていないことは,利害調整機能に関わる各国の個別状況を調整することが難しいことを示唆している。

実際 EU において,会計基準の設定が大きな政治問題化してきた[13]。もちろ

---

[11] 米国の政治学者,フランシス・フクヤマ氏へのインタビュー記事によると「文明の衝突論(ハンチントン・ハーバード大学教授「文明の衝突」論による)に説得力を感じたことはない。人々が帰属先として思い浮かべるのは国家だ。自分をアジア人だ,儒教文化圏の一員だとは考えず,中国人だ,韓国人だ,日本人だと考えるだろう。共通する文化よりも,国の違いの方がはるかに重要なのが現実だ」(日本経済新聞,2015年1月4日,朝刊9面)。

[12] 金融庁(2012)『各国の IFRS 適用状況調査結果』4月17日, "IFRS application around the world, Jurisdiction Profiles," IFRS Foundation Website.

[13] 例えばフランスを中心とした欧州の事例を表すものとして,Burlaud and Colasse(2011)。

ん，政治問題化すること自体は米国においても日本においても[14]，とりわけ欧州では経済統合のレベルの高さから政治問題が各国間の争いとなり，問題が複雑化しやすい。

超国家組織を目指したEUにおいても，個々の国が対応する部分と国家を超えて標準化する部分とを切り分けて対応していることが分かる。本書で検討してきた通り，各国が個別的に対応する部分においても国際標準へ調和化させながら，固有の状況にも対応しようとしている（例えば，第2章で述べたフランスにおけるPCGと税制の関係）。すなわち，国際標準を全面的に受け入れることはしない一方，国際標準化への対応を拒絶するのではなく，国際標準に対応するべきところは積極的に対応しようとしている。

最後に，会計制度の国際標準化が日本において今後どのように進んでいくのかについて考察する。

第4節　これからの会計制度の国際標準化

グローバリゼーションが進展し，国境を越えた経済活動が拡大しつつある現在，会計制度の国際標準化へ向けた動きが急に減速するということはないであろう。会計制度の中核をなす会計基準の国際化については，国際会計基準IFRSの適用を通して，会計制度の国際標準化が今後拡大していく趨勢は継続すると考えられる。

一方，会計制度にかかる国の主権そのものが消滅することも考えられず，とくに会計の利害調整機能が引き続き必要とされる以上，上場・非上場，連結・単独を問わず，世界中の国々の財務諸表がIFRSにしたがって作成され

---

[14] 米国証券取引委員会（SEC）の委員長を長く務めたアーサー・レビットの著作で，会計に関する政治活動をロビーストの関係で克明に記されている（Levitt 2002）。日本では自見大臣のIFRS延期などの議論や，与党（自民党）における対応が記憶に新しい（第1章参照）。

るようになることは考えにくく，また世界中の会計制度が標準化することも当面あり得ない。もしそのことが容易に可能であるのであれば，EUの会計制度は既に標準化されていたことだろう。

会計制度の国際標準化に関連して予想されることは，会計制度をいくつかに分割し，それぞれの分割された領域で可能な範囲で国際標準化と各国制度への適用を調整していくことである。会計基準であれば，連結財務諸表と単体財務諸表，あるいは上場企業と非上場企業の分割軸を用いて会計基準の適用領域を分割し，国際標準化への対応が必要な上場企業の連結財務指標についてはIFRSを，非上場企業の単体財務諸表についてはそれぞれの国の会計基準を用いる方策はすでに取り入れられている。強制適用とするのか，あるいは任意適用とするのかについても適宜使い分けられている現状がある。

各国固有の会計基準は，可能な範囲でIFRSとの調和化（コンバージェンス）を進める一方，IFRSについてはエンドースメントの手続を経由させることによって各国独自の会計基準との適合性に配慮し，また各国固有の解釈指針（各国の会計基準設定主体が作り出す方法，あるいは各国企業と監査人との合意事項とする方法）を作り，IFRSを逸脱しないようにすることが提案されている。

会計士資格に関しては，資格の相互認証を拡大し，あるいは国際共通資格を導入することにより国際化を進める方法が提案されている。日本における個々の領域（例えば保険業や建設業，あるいは学校法人や農業協同組合等）については特別な資格を有する会計士が必要とされる状況が考えられる[15]。

日本では現在，連結財務諸表に対するIFRSの任意適用が（金融庁長官が指定する指定国際会計基準の形で）認められており，このことについてはエンドースメント手続を経ずに，IFRSが指定され，適用されている。その一方，エンドースメント手続を経てIFRSとは異なる修正国際基準（JMIS）の導入が予定されている。この修正国際基準の強制適用は想定されていない[16]。

IASBがエンドースメント手続を導入したことは，国際標準としてのIFRS

終章　グローバリゼーションと会計基準：これからの会計基準の方向性

と各国会計制度と間の調整を可能にする手段が拡大されたことを意味し，本書の結論と整合している。強制適用についてはわが国の企業会計審議会において今後議論されることになるであろうが，EU をはじめとした世界各国の情況に照らせば，上場企業すべてに対して強制適用することは現実的ではなく，例えば EU と同様に上場企業の連結財務諸表のみを対象とすることが有力な選択肢の1つとなるであろう。

現在までのところ日本においては IFRS の解釈指針は検討されてこなかったが，修正国際基準が採択されることになれば，企業会計基準審議会による適用指針や日本公認会計士協会による実務指針等の形で独自の解釈指針の策定を検討することになる。すでに，修正国際基準公開草案の公表に当たって，「今後，我が国で IFRS の任意適用を積み上げていくためには，適用や解釈のあり方について，さらに検討を進める必要があると考えられる。その際，規範性を有するガイダンスを開発する場合には，IFRS を適用している諸外国での取組みを参考にするとともに，必要に応じて，IFRS 解釈指針委員会と論点の共有を図りつつ，検討を進めることが適切と考えられる。」[17] とされており，規範性を持つ解釈指針が想定されている。この我が国の考え方は必ずしも IASB の方針とは合致しない可能性があるものの，すでに世界各国において実行されている対応であり，日本が IFRS から離脱しているわけ

---

[15] 例えば，農業協同組合に対して全国農業協同組合中央会（JA 全中）が行う監査（中央会監査）については，農業協同組合監査士という資格が別途設けられ，この農協監査士が監査にあたる（農業協同組合法 73 条の 22，73 条の 38）。ただし，地域農協を束ねる JA 全中の監査・指導権をなくす見直しが進められている（日本経済新聞，2015 年 2 月 7 日朝刊）。また，建設業における経営事項審査においては，会計監査人もしくは会計参与を設置していない場合に，適切な資格をもつ経理業務の責任者による「建設業の経理が適正に行われたことの確認」の有無が審査されることになる（建設業法施行規則 18 条の 33 項 2）が，この適切な資格の中には公認会計士，会計士補，税理士の他に国土交通大臣の登録を受けた経理試験の合格者が含まれており，これに当たるものとして「建設業経理士」という資格試験が登録されている。
[16] 企業会計基準委員会（2014）『「修正国際基準（国際会計基準と企業会計基準委員会による修正会計基準によって構成される会計基準）」の公開草案の公表にあたって』7 月 31 日。
[17] 前掲 16，para. 36。

ではない。

　公認会計士の資格に関しては現時点で相互認証のような動きは進んでいないが，TPP交渉で課題とされた場合，議論が開始されることになるであろう。
　以上，日本においても会計制度の国際標準化に向けた動きは進みつつあるものの，そのことによりは日本固有の会計制度が消失するようなことにはなりえず，国際標準化が全面的に進む事態にはなっていない。一方，会計制度の国際標準化が進まない事態にもなっておらず，現時点でIFRSは任意適用とされ採択する上場会社の数は漸増している。
　このように，日本の会計制度も，国際標準化と国内基準とのバランスを取る政策が採択されてきており，こうした会計政策は世界各国からみても現実的な対応である。今後日本がとる会計政策には若干の揺れがあるにせよ，IFRS全面導入でもなければ全面排除でもない中庸の国際標準化への対応が進んでいくものと筆者は考える。これこそがグローバリゼーションの時代における国がとる会計政策の現実的な対応であろう。

参考文献

Ball, R. and P. Brown (1968) An Empirical Evaluation of Accounting Income Numbers, *Journal of Accounting Research*, 6 (2) : 159-178.
Brown, S., K. Lo and T. Lys (1999) Use of R^2 in Accounting Research: Measuring Changes in Value Relevance over the Last Four Decades, *Journal of Accounting and Economics* 28 : 83-115.
Beaver, W. H. (1968) The Information Content of Annual Earnings Announcement, *Journal of Accounting Research* 6, Empirical Research in Accounting: Selected Studies : 67-92.
Beaver, W.H. (1981) *Financial Reporting : An Accounting Revolution*, 3rd Edition (伊藤邦雄訳 (2010)『財務報告革命［第3版］』白桃書房：175-225).
Burlaud A. and B.Colasse (2011) International Accounting Standardisation: Is Politics Back?, *Accounting in Europe* 8 (1) : 23-47.
Christensen, J. and J. Demski (2002) *Accounting Theory: An Information Content Perspective*, McGraw-Hill.
Financial Accounting Standards Board (FASB)(1974) Conceptual Framework for

Accounting and Reporting: Consideration of the Report of the Study Group on the Objectives of Financial Statements.
Fukuyama, F. (1992) *The End of History and the Last Man*, Free Press.
Gjesdal, F. (1981) Accounting for Stewardship, *Journal of Accounting Research* 19 (1) : 208-231.
Hung, M. (2001) Accounting Standards and Value Relevance of Financial Statements: An International Analysis, *Journal of Accounting and Economics* 30 : 401-420.
Lev, B. and P. Zarowin (1999) The Boundaries of Financial Reporting and How to Extend Them, *Journal of Accounting Research* 37 (29) : 353-385.
Levitt, A. (2002) *Take on the Street: What Wall St. and Corporate America Don't Want You to Know / What You Can Do to Fight Back*, Pantheon.
Hail, L., C. Leuz, and P. Wysocki (2010a) Global Accounting Convergence and the Potential Adoption of IFRS by the U.S. (Part I) : Conceptual Underpinnings and Economic Analysis, *Accounting Horizons* 24 (3) : 355-394.
Hail, L., C. Leuz, and P. Wysocki (2010b) Global Accounting Convergence and the Potential Adoption of IFRS by the U.S. (Part II) : Political Factors and Future Scenarios for U.S. Accounting Standards, *Accounting Horizons* 24 (4) : 567-588.
Sunder, S. (1996) *Theory of Accounting and Control* (山地秀俊・松本祥尚・鈴木一水・梶原晃訳 (1998)『会計とコントロールの理論：契約理論に基づく会計学入門』勁草書房)
Sunder, S. (2005) Minding Our Manners : Accounting as Social Norms, *The British Accounting Review* 37 : 367-387.
Sunder, S. (2009) IFRS and the Accounting Consensus, Commentary, *Accounting Horizons* 23 (1) : 101-111.
Young, J. (2006) Making up Users, *Accounting, Organizations and Society* 31 : 579-600.
乙政正太 (2004)『利害調整メカニズムと会計情報』森山書店.
大日方隆 (2007)「日本企業の利益情報の価値関連性——サーベイ：世界から見た日本——」『MMRC Discussion Paper』(東京大学21世紀COE, ものづくり経営研究センター), No.137.
財団法人企業活力研究所 (2012)「企業における非財務情報開示のあり方に関する調査研究報告書」.
桜井久勝 (1991)『会計利益情報の有用性』千倉書房.
桜井久勝 (2014)『財務会計講義〔第15版〕』中央経済社.
斎藤静樹編著 (2002)『会計基準の基礎概念』中央経済社.
須田一幸 (2000)『財務会計の機能：理論と実証』白桃書房.
中西優美子 (2012)『法学叢書 EU 法』新世社.
日本会計研究学会課題研究委員会最終報告書 (2010)『日本の財務会計研究の棚卸し：国際的な研究動向の変化の中で』9月.
原丈人 (2013)『増補21世紀の国富論』平凡社.

索引

■ A〜Z

AASB	19, 162
ACCA	178
AcSB	19
ANC	56
ARC	19
ASB	51
Auditor GAAP	168
CAI	184
CCCTB	39
CNC	57
CPA Canada	165
CRC	57
DGCL	101
ECB	30
EFRAG	19, 42
ESMA	163
EU	28
FA	48
FASB	12
FRC	51
frozen GAAP	106
FRS	51
FVTOCI	140
GAAP	158
GAAS	159
HGB	58
IAS	11
IASB	12
IASC	11, 17
IASC 財団	18
ICAEW	54, 165, 184
ICAS	184
IFAC	10
IFRIC	18
IFRIC 解釈指針	18
IFRS	10
IFRS 解釈指針委員会	18
IFRS 財団	18
IOSCO	11
ISA	10
JMIS	109
PCG	46, 105
RMBCA	101
SE	97
SEC	25
SIC Interpretations	18
VAT	39

213

あ

アムステルダム条約 …… 28

意思決定後情報 …… 200
意思決定前情報 …… 200
一般に公正妥当と認められた会計実務 … 48
一般に公正妥当と認められる会計基準
　（GAAP） …… 158
一般に公正妥当と認められる監査基準
　（GAAS） …… 159
移転価格税制 …… 40
イングランド・ウェールズ勅許会計士協
　会（ICAEW） …… 54, 165

ウェストファリア条約 …… 13

エージェンシー理論 …… 202
エンドースメント …… 19, 25, 161

欧州委員会 …… 29
欧州会社（SE） …… 97
欧州議会 …… 19, 29
欧州経済共同体設立条約
　（ローマ条約） …… 204
欧州財務報告アドバイザリー・グループ
　（EFRAG） …… 42
欧州財務報告諮問グループ（EFRAG） ‥ 19
欧州証券市場監督機構（ESMA） …… 163
欧州中央銀行（ECB） …… 30
欧州連合（EU） …… 28
欧州連合理事会 …… 19, 29
オーストラリア会計基準審議会（AASB）
　…… 19, 162
オピニオン・ショッピング …… 155

か

会計基準機構（ANC）：仏 …… 56
会計基準近代化法法務省草案 …… 59
会計基準審議会（ASB）：英 …… 51
会計規制委員会（ARC） …… 19
会計規制委員会（CRC）：仏 …… 57
解釈指針委員会解釈指針
　（SIC Interpretations） …… 18
会社法：英 …… 51
会社法会計 …… 107
改訂模範事業会社法（RMBCA） …… 101
確定決算 …… 108
確定決算主義 …… 45
課税主権 …… 40
価値関連性 …… 201
カナダ会計基準審議会（AcSB） …… 19
カナダ会計士協会（CPA Canada） …… 165
監査人のGAAP …… 168

期間利益基準 …… 99
基準性の原則 …… 46
逆基準性の原則 …… 47, 59
共通課税ベース（CCCTB） …… 39
共通連結法人税課税標準指令案 …… 39
共同決定手続 …… 29
近代の国際システム …… 13
金融商品取引法会計 …… 107

具体的な数値基準 …… 25
グローバル化 …… 12

経験財 …… 178
経済社会委員会 …… 30
経済的グローバリゼーション …… 14
契約支援機能 …… 200
契約理論 …… 202

原則主義に基づく会計基準 149

公認監督団体（RSB）.................. 189
公認資格認可団体（RQB）.................. 189
国際会計基準（IAS）.................. 11
国際会計基準委員会（IASC）.................. 11, 17
国際会計基準審議会（IASB）.................. 12
国際会計士連盟（IFAC）.................. 10
国際財務報告解釈委員会（IFRIC）.................. 18
国際財務報告基準（IFRS）.................. 10
国民国家 13
国家会計審議会（CNC）：仏 57
コロボレーション仮説 121

■さ
財政状態基準 99
財政法（FA）：英 48
細則主義 25
細則主義に基づく会計基準 149
差異調整表 25
財務制限条項 106
財務報告基準（FRS）：英 51
財務報告評議会（FRC）：英 51

シグナリング仮説 120
実現テスト 103
実現利益 104
支払不能禁止基準 99
資本減損禁止基準 99
資本控除 49
諮問手続 29
修正国際基準（JMIS）.................. 108
主権国家 13
主権国家体制 13
純資産テスト 103
証券監督者国際機構（IOSCO）.................. 11

情報提供機能 200
情報保有の非対称性 199
剰余収益受領権 106
真実かつ公正な概観 52
信用財 178, 180

ステークホルダー 199

正規の簿記の諸原則 47
税制・関税同盟総局 30
税務会計 107
税務貸借対照表に対する商事貸借対照表
  の基準性の原則：独 59
潜在的配当可能利益 122, 127

訴訟リスク 164
租税一般法典 46, 55
損金経理要件 45

■た
探索財 178

地域委員会 30
超国家組織 204
調和化 16

通常立法手続 28

適格対価 104
デラウェア州の一般会社法（DGCL）.... 101

ドイツ商法典（HGB）.................. 58
統一化 17
同意手続 29
東京合意 26
特別立法手続 28

トライアングル体制 ……………………… 45

な
内国歳入法 ……………………………… 49

ニース条約 ……………………………… 28
二重帳簿 ………………………………… 83
「日本再興戦略」改訂 2014 …………… 27

は
配当圧力 ………………………… 122, 126
配当可能利益 …………………………… 116
配当ケータリング仮説 ………………… 120
配当のライフサイクル仮説 …………… 120
配当パズル ……………………………… 119
パリ条約 ………………………………… 28

ビッグバン・アプローチ ……………… 25
標準化 …………………………………… 17

付加価値税（VAT）……………………… 39
不確実な税務ポジション ……………… 40
フランス会社法 ………………………… 105
フリーキャッシュフロー仮説 ………… 119
分配可能利益 …………………………… 105

米国財務報告審議会（FASB）………… 12

米国証券取引委員会（SEC）…………… 25
ペッキングオーダー理論 ……………… 120

ま
マーストリヒト条約 …………………… 28

未実現損失 ……………………………… 53
未実現利益 ……………………………… 53

無額面株式 ……………………………… 101

名目資本維持 …………………… 102, 110

目的志向会計基準 ……………………… 23
モジリアーニ＝ミラーの定理 ………… 119

や
四重帳簿 …………………………… 83, 90

ら
利益剰余金基準 ………………………… 99
利害調整機能 …………………………… 200
リスボン条約 …………………………… 28

連結配当規制 …………………… 108, 109

ローマ条約 ……………………………… 28

【著者紹介】

猪熊　浩子（いのくま　ひろこ）

1995 年　横浜国立大学経営学部卒業
1997 年　横浜国立大学大学院国際経済法学研究科修士課程修了
2000 年　東京大学大学院経済学研究科修士課程修了
2000 年　監査法人太田昭和センチュリー（現：新日本有限責任監査法人）入所
2010 年　東北大学大学院経済学研究科会計専門職専攻准教授（2015 年 3 月現在）

公認会計士
日本公認会計士協会租税調査会租税政策検討専門部会専門委員（2009 年～）などを歴任。

〈主要著書〉

『できる CIO になるための『経理・財務』の教科書』（共著）税務経理協会，2012 年
『クラウドを活用した業務改善と会計実務』（分担執筆）中央経済社，2011 年
『財務諸表外情報の開示と保証—ナラティブ・レポーティングの保証—』（分担執筆）同文舘出版，2010 年
『会社法と税理士業務』（共著）清文社，2007 年
ほか多数。

平成 27 年 3 月 30 日　初版発行　　　略称：グローバル会計監査

グローバリゼーションと会計・監査

著　者Ⓒ　猪　熊　浩　子
発行者　　中　島　治　久

発行所　同文舘出版株式会社
東京都千代田区神田神保町 1-41　〒101-0051
営業（03）3294-1801　　編集（03）3294-1803
振替 00100-8-42935　　http://www.dobunkan.co.jp

Printed in Japan 2015　　　　　DTP：マーリンクレイン
　　　　　　　　　　　　　　　印刷・製本：萩原印刷
ISBN978-4-495-20191-3

JCOPY〈(社)出版者著作権管理機構 委託出版物〉
本書の無断複写は著作権法上での例外を除き禁じられています。複写される場合は，そのつど事前に，(社)出版者著作権管理機構（電話 03-3513-6969, FAX 03-3513-6979, e-mail: info@jcopy.or.jp）の許諾を得てください。